2026학년도

초·중등 보건교사 임용고시 대비

김이지
보건임용 인출노트

지역사회간호학 01

본 교재는 **2026 김이지 보건임용 지역사회간호학 01(이론서)** 와 함께 활용하세요!

이책의 머리말
PREFACE

김이지 보건임용 인출노트 활용 Tip !

1 김이지 전공보건 1권 (지역사회 간호학 1권, 이론서)와 함께 복습하기

- 지역사회 간호학 1권(이론서)와 함께 복습하되, 처음부터 인출이 되지 않더라도 책을 보지 않고, "키워드"를 써보는 연습을 하기
- 목차 구성도 인출시험지 순서도 모두 이론서 교재 순서대로 배치되어 있으므로 순차적으로 복습하기

2 인출되는 개념과 인출되지 않은 개념을 구분하기

- 주요 키워드가 완전히 인출되는 개념과 인출되지 않은 개념을 별도로 표시해두고, 인출되지 않은 개념 위주로 공부하는 것이 중요함
- 암기는 머리에 넣는 것이 아니라, 머릿속에 있는 것을 끄집어 내는 것인 "인출"임을 다시 한번 명심할 것

3 완벽성에서 벗어나기

- 하반기에는 깨진 항아리에 물 붓기 같은 느낌이 들면서 "왜이렇게 인출이 안되지? 난 그동안 뭐했지?" 라는 생각에 자책을 하는 경우가 많음
- 유연하게 공부하되 키워드는 꼼꼼하게 외우자!

4 인출노트는 처음에는 연필로 작성하고, 뒤에 볼펜으로 작성하기

- 한두번의 인출로 완벽한 답지를 쓸 수 없기에, 처음에는 인출노트를 연필로 작성해보고, 추후에 볼펜, 색볼펜으로 작성하여 최소 3번이상 인출해보기

5 주요 제목과 개념에 대해 "익숙"해 질 것

- 처음보는 낯선 제목과 개념들에 대해 익숙해져야 암기가 되므로, 개념들의 제목들을 반복해서 볼 것
- 주요 제목과 개념을 알아야 세부내용을 암기하고 이해할 수 있음

본 교재는 출제비중이 높은 지역사회간호학의 복습과 공부한 것에 대한 '인출'을 위한 교재입니다.

인출의 효과 및 중요성은 아래와 같습니다.

1 기억 강화

- 뇌는 인출 과정을 통해 공부하였던 기억을 더 강하게 만들고, 장기기억으로 전환시키려는 경향이 있습니다.
- 단기기억과 장기기억 모두를 높이며, 기억저장과 유지에 '인출학습'이 최고의 학습법입니다.
- 즉, 장기기억에 '인출'은 매우 효과적이므로, '인출'연습을 통해 시험당일에 정답을 쓰고, 합격할 확률이 매우 높아집니다.

2 학습효과 증진

- 단순히 교재를 반복해서 읽거나 복습하는 것보다 '인출'이 학습효과를 더 증진시킵니다.

3 기억의 정확도 증진

- 반복해서 인출하면 기억의 오류가 감소하고, 기억의 정확도가 높아집니다.

4 이해도 증진과 지식의 체계화

- 학습된 정보 간 연결도 증진되며, 학습된 지식 간 연결도 강화도어 지식이 체계화됩니다.

5 부족한 부분을 명확히 알게 됨

- 기억에서 정보를 꺼내는 연습인 '인출'을 통해 내가 '아는 것'과 '모르는 것'을 명확하게 알게 해줍니다.
- 즉, 내 자신이 부족한 부분이 무엇인지를 명확하게 알게 해주어, 집중적으로 공부할 부분이 어디인지 알게 해줍니다.

이책의 머리말
PREFACE

6 시간 대비 효율이 높음

- 처음에 인출을 할 때는 시간이 많이 걸린다 생각되지만, 결국 시간 대비 효율이 가장 높은 학습법은 '인출학습'입니다.

7 시험당일 회상이 쉽게 됨

- 배운것을 회상함으로써 기억이 탄탄해지고 기존 지식과의 연관성이 강화되어 시험당일 정답을 회상하기 쉬워집니다.

실제 "인출"을 하지 않으면, 실제 "아는 것"이 아닌 "안다고 생각하는 것"만 쌓이게 됩니다.

'김이지 전공보건 인출노트'를 기반으로 반복해서 인출한다면 합격의 길은 멀지 않을 것이라 확신합니다.

여러분들의 합격을 기원하고, 응원합니다!

2025년 4월

저자 김이지

이책의 목차
CONTENTS

PART 01 지역사회간호의 이해 ·· 7

PART 02 지역사회 관련 이론 ·· 13

PART 03 지역사회간호 간호과정 ···································· 33

PART 04 건강증진 ·· 67

PART 05 보건행정 ·· 105

PART 06 역학과 보건통계 ·· 123

PART 07 가족간호 ·· 187

PART 08 국제간호 및 문화적 다양성 ························ 209

PART 09 산업간호 ·· 211

PART 10 환경보건 ·· 241

PART 11 식품위생 ·· 273

PART 01

지역사회간호의 이해

1 지역사회의 정의와 유형
2 지역사회 간호
3 지역사회 간호사
4 지역사회간호관리

1 WHO의 건강의 개념을 서술하시오.

2 지역사회 간호 목표의 주요개념인 '적정기능수준의 향상'의 개념을 설명하시오.

3 지역사회간호의 목표를 서술하시오.

4 건강-질병의 기능연속지표에 대해 설명하시오.

5 건강-질병의 기능연속지표에서 긍정적인 영향을 주는 기능 중 ㉠, ㉡의 빈칸을 채우고, 개념을 서술하시오.

• 자기인식 – (㉠) – 성장 – (㉡) – 적정기능수준

6 Freshman의 기능연속지표 중 '자기인식'의 개념을 쓰시오.

7 건강-질병 기능연속지표 중 '성장'의 개념을 쓰시오.

8 건강-질병의 기능연속지표에서 부정적인 영향을 주는 기능 중 ㉠, ㉡의 빈칸을 채우고, 개념을 서술하시오.

• (㉠) – (㉡) – 외상 – 불구(장애) – 기능장애

9 사례관리(Case management)의 개념을 서술하시오.

10 Gulick의 관리자가 수행해야할 7가지 기능(POSDCORB)를 쓰시오.

11 간호관리의 정의를 쓰시오.

12 다음은 리더십 상황이론에 대한 설명이다. ㉠~㉣의 빈칸을 채우고, 각 개념을 서술하시오.

- 리더십 상황이론은 지도자(리더) 행동인 (㉠)와 (㉡)의 결합에 따라 4가지 유형으로 구분되며, 부하직원의 성숙도는 (㉢)과 (㉣)에 따라 상황에 따라 리더십이 달리해야 한다는 이론임

13 리더십 상황이론은 과업지향적 행동과 관계지향적 행동의 수준에 따라 4가지 리더십으로 구분된다. 4가지 리더십의 명칭을 쓰고, 각 개념을 제시하시오.

PART 02

지역사회 관련 이론

1 체계이론
2 교환이론
3 기획이론
4 사회생태학적 모형(Socal Ecological Model)
5 뉴만(Neuman)의 건강관리체계이론
6 오렘(Orem)의 자가간호이론
7 로이(Roy)의 적응이론

1 체계이론에서 개방체계와 폐쇄체계를 구분 짓는 요소는 무엇인지 쓰시오.

2 체계의 2가지 종류의 개념을 쓰고, 설명하시오.

3 체계의 구조에 포함되는 4가지 개념을 쓰고, 설명하시오.

4 체계의 특성 중 '항상성'과 '균등종국'의 개념을 서술하시오.

5 다음에서 설명하는 체계이론의 개념을 쓰시오.

- 체계에서 체계를 혼잡하게 하고, 무질서하게 하는 에너지로 일정기간 지속되면 체계는 불안정해짐

6 체계이론에서 '엔트로피'의 개념을 쓰시오.

7 개방체계의 과정을 4가지로 제시하고, 설명하시오.

8 체계이론에서 '회환(feedback)'의 효과(기능)을 서술하시오.

9 교환이론의 개념을 서술하시오.

10 다음에서 설명하는 교환이론의 기본명제를 쓰시오.

- 특정한 보상을 많이 받을수록, 그 이상의 보상은 점차 가치가 없어진다.

11 교환이론에서 공격-승인(욕구불만-공격) 명제의 개념을 서술하시오.

12 다음에서 설명하는 교환이론의 기본명제를 쓰시오.

- 특정한 행동의 결과가 가치가 크면 클수록 그러한 행동을 취할 가능성이 높아짐

13 기획이론에서 '기획'의 정의를 쓰시오.

14 기획의 특성 5가지를 쓰시오.

15 Tayor의 보건기획과정은 (㉠)과정 - 집행과정 - (㉡)과정으로 이루어진다.
㉠, ㉡의 빈칸을 채우고, ㉠ 과정 5가지와 ㉡ 과정 6가지를 제시하시오.

16 보건기획 모형 중 MATCH 모형의 특징을 쓰시오.

17 보건기획 모형 중 MATCH 모형의 5단계 과정을 1단계부터 5단계까지 순차적으로 제시하시오.

18 보건기획 모형 중 MAPP 모형의 6단계 과정을 1단계부터 6단계까지 순차적으로 제시하시오.

19 보건기획 모형 중 MAPP 모형의 사정의 4개영역을 쓰시오.

20 보건기획 모형 중 미국 질병통제예방센터(CDC)에서 개발한 기획모형의 명칭을 쓰고, 1단계부터 5단계까지 순차적으로 제시하시오.

21 SOWT 분석을 통해 기획을 하는 목적 2가지를 쓰시오.

22 SWOT 분석을 조직내부에 포함되는 내용과 조직외부에 포함되는 내용을 쓰시오.

23 SWOT 분석을 통한 4가지 전략도출을 쓰고, 각 전략도출의 예를 1가지 이상 제시하시오

24 사회생태학적 모형의 특징에 대해 설명하시오.

25 사회생태학적 모형의 5가지 요인(수준)을 제시하시오.

26 다음은 뉴만의 건강관리체계 이론에 대한 설명이다. ㉠에 들어갈 5가지 변수를 제시하고, ㉡, ㉢의 빈칸을 채우시오.

- 인간을 (㉠) 변수로 구성된 하나의 체계로 보고, 대상자 체계는 환경과 지속적인 상호작용을 하는 (㉡)로 보며, 환경은 외부로부터 들어오는 (㉢)으로 본다.

27 뉴만의 건강관리체계이론에서 스트레스원의 정의를 쓰고, 스트레스를 3가지로 구분할 때, 3가지 스트레스 요인의 개념을 쓰고, 설명하시오.

28 뉴만의 건강관리체계모형에서 건강관리의 목적을 쓰시오.

29 뉴만의 건강관리체계모형에서 간호의 목표를 쓰시오.

30 뉴만의 건강관리체계모형에서 기본구조가 파괴되면 안되는 이유(기본구조 보호)를 쓰시오.

31 뉴만의 건강관리체계모형에서의 3가지 보호막의 명칭을 쓰고, 각각의 개념을 설명하시오.

32 뉴만의 건강관리체계모형에서 일차예방활동을 2가지로 나눠서 설명하시오.

33 뉴만의 건강관리체계모형에서 이차예방활동을 2가지로 나눠서 설명하시오.

34 뉴만의 건강관리체계모형에서 삼차예방활동을 설명하시오.

35 뉴만의 건강관리체계모형을 간호과정에 적용하여 사정할 시, 사정의 1단계, 2단계, 3단계를 제시하시오.

36 오렘의 자가간호이론 중 3가지 자가간호요구의 종류를 제시하고, 각 개념을 설명하시오.

37 오렘의 자가간호이론에서 치료적 자가간호요구의 개념을 쓰시오.

38 오렘의 자가간호이론에서 자가간호역량의 개념을 쓰시오.

39 오렘의 자가간호이론에서 자가간호결핍이 발생하는 이유를 쓰시오.

40 오렘의 자가간호이론 중 간호체계의 개념을 쓰시오.

41 오렘의 자가간호이론의 3가지 간호체계 종류를 쓰고, 개념을 정의하시오.

42 오렘의 자가간호이론을 간호과정에 적용하여 사정할 시, 1단계, 2단계 사정내용과 중점으로 기술해야 할 간호진단의 내용을 쓰시오.

43 로이 적응이론의 간호목표를 쓰시오.

44 로이 적응이론의 간호활동을 쓰시오.

45 로이 적응이론에서 자극의 개념을 쓰고, 3가지 자극유형을 제시하고, 각각의 개념을 서술하시오.

46 로이의 적응이론 중 대처기전의 개념을 서술하시오.

47 로이의 적응이론 중 대처기전의 2가지 종류를 제시하고, 각각의 개념을 서술하시오.

48 로이의 적응양상 4가지를 제시하고, 각각의 개념을 정의하시오.

49 로이의 적응이론의 자아개념 양상의 2가지 종류를 제시하고, 개념을 서술하시오.

50 로이의 적응과정에서 최종결과로 나타나는 적응반응과 비율적 적응반응의 개념을 서술하시오.

51 로이의 적응이론을 간호과정에 적용하여 사정할 때 1단계, 2단계 사정내용을 제시하시오.

52 로이의 적응이론을 간호과정에 적용할 때 간호진단에 포함되어야 할 내용을 제시하시오.

PART 03

지역사회간호 간호과정

1. 지역사회(학교보건) 간호사정
2. 지역사회 간호진단
3. 지역사회 간호계획
4. 지역사회 간호활동
5. 지역사회 간호평가

1 지역사회 간호과정은 (㉠)-진단-(㉡)-수행-(㉢)로 구성됨. ㉠, ㉡, ㉢의 빈칸을 채우시오.

2 지역사회 간호사정의 영역 8가지를 쓰시오. (명칭만 쓸 것)

3 체계이론에 따라 지역사회 간호사정 시 5가지의 영역을 쓰고, 개념을 설명하시오.

4 지역사회 자료수집시 설문조사를 활용할 경우 설문조사 방법을 쓰시오.

5 설문조사로 지역사회 자료수집을 할 경우 고려해야 할 사항 2가지를 쓰시오.

6 다음에서 설명하는 자료수집 방법을 쓰고, 효과적으로 아래의 자료수집을 하기 위한 방법 1가지를 쓰시오.

- 지역사회 보건의료사업에 영향을 줄 수 있는 지역사회 내 공식·비공식적인 지역지도자를 통해 건강상태, 건강요구, 문제해결과정 등의 자료를 수집함

7 자료수집 방법 중 '차장 밖 조사'의 개념을 쓰시오.

8 자료수집 방법 중 '참여관찰'의 개념을 쓰시오.

9 지역사회에서 지역사회 주민을 대상으로 공청회를 개최하는 이유를 쓰시오.

10 초점집단회의(Focus Group Interview)의 개념을 서술하시오.

11 초점집단회의(Focus Group Interview)의 장점 1가지만 제시하시오.

12 델파이기법을 통해 자료수집을 하는 목적를 쓰시오.

13 델파이기법의 장점 2가지만 쓰시오.

14 명목집단기법으로 자료수집 시 장점 2가지만 쓰시오.

15 자료수집 방법 중 명목집단기법의 개념에 대해 서술하시오.

16 지역사회간호사정 중 자료분석의 4단계를 1단계부터 4단계까지를 순차적으로 제시하시오.

17 지역사회간호사정으로 건강문제도출을 한 후 건강문제를 확정할 때 꼭 확인해야 하는 내용을 쓰시오.

18 오마하 문제분류체계에 포함되어야 할 내용은 영역, (㉠), 수정인자, (㉡)이다. ㉠, ㉡의 빈칸을 채우시오.

19 오마하 분류체계의 종류 3가지를 쓰고, 각 체계의 정의를 서술하시오.

20 오마하문제분류체계의 3가지 영역을 쓰고, 각 영역에 포함되어야 할 내용을 3가지만 쓰시오.

21 오마하 분류체계의 수정인자는 (㉠)과 (㉡)이다. ㉠, ㉡의 빈칸을 채우고, ㉠와 ㉡의 각각의 세부내용을 3가지 쓰시오.

22 오마하 분류체계 중 중재체계에 포함되어야 할 4가지 범주를 쓰시오.

23 오마하 분류체계 중 결과에 대한 문제등급 척도는 (㉠), (㉡), (㉢)를 중심으로 5점 척도로 측정한다. ㉠, ㉡, ㉢의 빈칸을 채우시오.

24 국제간호협회(ICN)에서 개발한 간호진단의 명칭을 쓰고, 3가지 구성요소를 제시하시오.

25 BPRS는 우선순위를 설정하기 위한 기준으로 보건사업에 가장 널리 활용되고 있다. BPRS의 공식을 쓰고, 우선순위에 결정적인 영향을 미치는 요소를 영향력이 큰 것부터 순서대로 제시하시오.

26 우선순위 설정기준 BPRS의 건강문제의 크기는 무엇을 측정하는 것인지 서술하시오. (2가지 제시)

27 BPRS 중 문제의 심각도에 포함되어야 할 4가지 항목을 제시하시오.

28 BPRS를 기준으로 사업의 우선순위를 선정할 때 문제가 될 수 있는 사항을 2가지 이상 제시하시오.

29 사업의 우선순위를 정할 때 PEARL을 사용하는 목적을 쓰시오.

30 우선순위 선정기준인 PEARL의 공식을 쓰고, 구성요소 5가지를 제시하시오.

31 PEARL의 기준을 적용한 결과, 사업을 시작할 수 있는 상태(상황)을 쓰시오.

32 PATCH 모형을 적용하여 사업의 우선순위를 결정하고자 한다. PATCH 모형에서 2가지 우선순위 결정기준을 쓰고, 각 개념을 설명하시오.

33 우선순위 결정모형인 Bryant 모형의 4가지 우선순위 결정기준을 쓰시오.

34 사업의 우선순위를 결정하기 위해 NIBP를 활용하고자 한다. NIBP의 2가지 우선순위 기준을 쓰시오.

35 여러 가지 우선순위 결정기준 중 CLEAR를 사용하는 이유를 쓰시오.

36 우선순위 설정기준 CLEAR의 5가지 항목을 쓰시오.

37 황금다이아몬드모델은 (㉠)와 (㉡)의 2가지 우선순위 결정기준으로 사업의 우선순위를 결정하는 방법이다. ㉠, ㉡의 빈칸을 채우고, 각각의 개념을 설명하시오.

38 황금다이아모델의 장점 2가지와 단점 2가지를 제시하시오.

39 우선순위 결정기준으로 7가지 면을 고려한 기준이 있다. 7가지 기준을 쓰시오.

40 김화중의 우선순위 결정기준 4가지를 쓰시오.

41 지역사회 간호목표 설정이 중요한 이유를 2가지 제시하시오.

42 지역사회 간호목표 설정기준 중 일반적인 목표설정의 기준 4가지를 쓰시오.

43 지역사회 간호목표 설정기준 중 SMART 목표설정기준 5가지 요소를 쓰시오.

44 간호목표 기술의 항목 5가지를 쓰고, 이중 절대 생략할 수 없는 중요항목 2가지를 제시하시오.

45 간호목표의 종류 중 '수준별 목표'의 종류를 쓰시오.

46 간호목표의 종류 중 '사업기간에 따른 목표'의 종류를 쓰시오.

47 다음은 투입-산출 모형에 따른 목표분류이다. 투입-산출 목표는
(㉠)목표-(㉡)-목표-(㉢)목표로 분류된다. ㉠, ㉡, ㉢의 빈칸을 채우고, 각각의 개념을 서술하시오.

48 인과관계에 따른 목표는 (㉠)목표, (㉡)목표, (㉢)목표로 분류된다.
㉠, ㉡, ㉢의 빈칸을 채우고, 각각의 개념을 설명하시오.

49 인과관계에 따른 목표분류 중 '건강결정요인'과 '건강기여요인'의 개념을 쓰시오.

50 간호방법 및 수단을 선택시 고려할 사항 4가지를 제시하시오.

51 간호수행활동 3가지를 쓰시오.

52 가정방문 활동의 장점을 3가지만 쓰시오.

53 건강관리실을 활용할 때의 장점 3가지만 쓰시오.

54 다음은 자원활용을 위한 준비이다. ㉠~㉦의 빈칸을 채우시오.

① 이용가능한 (㉠)을 파악하고, (㉡)으로 작성하고 보관한다.
② 각 보건기관의 (㉢)과 (㉣)와 (㉤)등을 알아둔다.
③ 간편하고 편리한 자원의 (㉥)과 (㉦)을 결정한다.

55 다음은 자원 서류철에 필요한 내용이다. ㉠~㉧ 의 빈칸을 채우시오.

① 자원의 (㉠), 주소, (㉡)
② 자원이 제공하는 사업의 (㉢)과 (㉣)
③ 자원을 이용할 대상범위와 (㉤)
④ (㉥) : 의뢰할 대상자, 담당자와 접촉시간, 접촉하기 위한 방식
⑤ 의뢰방법, (㉦), 의뢰기관 이용시간, (㉧)

56 상담의 목적을 1줄로 쓰시오.

57 동기강화상담의 개념을 정의하시오.

58 상담의 원리 4가지 개념을 적고, 각 개념을 서술하시오.

59 상담의 장점을 2가지 쓰시오.

60 면담의 개념을 쓰시오.

61 면담의 방법 3가지를 제시하시오.

62 최근 지역사회 사업 수행 시 지역사회 주민참여가 중요시되고 있다. 그 이유를 3가지 쓰시오.

63 지역사회 주민참여를 주민주도 정도에 따라 5단계로 구분할 수 있다. 주민주도가 낮은 순서부터 가장 높은 순서대로 제시하시오.

64 최근 지역사회 조직활용으로 자조집단을 많이 활용하고 있다. 자조집단(모임)의 정의를 쓰시오.

65 간호사업의 수행계획에 포함되어야 할 4가지 구성요소를 쓰시오.

66 간호사업의 평가계획에 포함되어야 할 4가지 구성요소를 쓰시오.

67 간호사업의 평가계획은 (㉠)에 수립되어야 한다. ㉠의 평가계획을 수립하는 시기를 쓰시오.

68 간호사업에 활용되는 평가도구는 타당도와 신뢰도가 있어야 한다. 타당도와 신뢰도의 개념을 서술하시오.

69 간호사업의 계획단계의 효과성을 평가하기 위한 5가지 지침(요인)을 제시하시오.

70 간호수행은 목표달성을 위한 활동으로 직접간호, 보건교육, 보건관리를 수행한다.
이 중 보건관리에 포함되어야 하는 3가지 활동을 제시하고, 3가지 활동의 개념을 서술하시오.

71 간호수행활동 중 감독 시 지역사회 방문 전 알아야할 사항을 작성하시오.

72 다음은 지역사회 간호중재 수레바퀴 모형에 대한 설명이다. ㉠, ㉡의 빈칸을 채우고, ㉠에 해당하는 3가지 수준의 실무를 제시하시오.

- 지역사회 중재의 (㉠)과 (㉡)을 연계하여 설명한 모형으로, 인구중심적 실무를 정의하고, 인구의 건강증진을 설명한 유용한 개념틀임

73 지역사회에서 간호평가를 시행하는 목적을 3가지만 제시하시오.

74 지역사회 간호평가 수행은 평가절차의 단계별로 실시한다. 평가절차의 5단계를 순차적으로 제시하시오.

75 지역사회 간호평가를 사업에 활용할 수 있다. 활용할 수 있는 내용을 2가지만 제시하시오.

76 지역사회 간호평가는 평가주체에 따라 내부평가, 외부평가, 참여평가로 구분할 수 있다. 각각의 평가의 개념을 쓰시오.

77 지역사회 간호평가 중 내부평가의 장점 3가지와 단점 1가지를 쓰시오.

78 간호평가 중 외부평가의 장점 1가지와 단점 2가지를 쓰시오.

79 지역사회 간호평가를 평가자료에 따라 양적 평가와 질적 평가로 구분할 수 있다. 각각의 개념을 서술하시오.

80 양적평가의 장점 2가지, 단점 2가지를 쓰시오.

81 간호사업 평가시 질적 평가를 하는 목적을 쓰시오.

82 질적평가의 장점 2가지와 단점 3가지를 제시하시오.

83 평가시기별로도 평가의 종류를 3가지로 분류할 수 있다. 평가시기별 평가종류 3가지의 명칭을 쓰고, 각 평가의 시행목적을 서술하시오.

84 논리모형에 의한 평가의 특징을 2가지 이상 쓰시오.

85 다음은 논리모형에 의한 평가에 대한 설명이다. ㉠, ㉡, ㉢의 빈칸을 채우고, ㉠, ㉡의 평가를 하는 목적을 쓰고, ㉠, ㉡의 세부평가지표를 각각 3개 이상씩 예를 드시오.

- 논리모형에 의한 평가는 투입에 대한 평가인 (㉠)평가, 활동과정에 대한 평가인 (㉡)평가, 사업의 결과에 대한 평가인 (㉢)평가로 분류함

86 논리모형에 의한 결과평가를 효과성과 효율성으로 분류할 수 있다. 각각의 개념을 서술하시오.

87 지역사회 사업을 체계모형에 따라서도 평가할 수 있다. 체계모형에 따른 평가의 5가지 영역을 쓰고, 5가지 평가를 시행하는 목적을 쓰시오.

88 지역사회 간호사업의 성과지표는 투입지표-(㉠)지표-(㉡)지표-결과지표 4가지로 나누어진다. ㉠, ㉡의 빈칸을 채우시오.

89 지역사회 사업의 경제성 평가방법은 3가지로 구분된다. 3가지 경제성 평가의 명칭을 쓰고, 각 평가방법의 산식을 제시하시오. (명칭과 산식만 쓸 것)

90 비용-효과분석 평가방법을 이용하여 경제성 평가를 하는 목적을 쓰시오.

91 비용-편익분석 평가방법을 이용하여 경제성 평가를 하는 목적을 쓰시오.

92 경제성 평가방법 중 비용-효용분석의 효용은 (㉠)을 측정하여 각 사업에 대한 (㉠)에 대한 비용이다. ㉠의 빈칸을 채우고, 개념을 서술하시오.

PART 04

건강증진

1. 건강증진의 역사적 배경
2. 건강증진의 주요 개념과 이해
3. 우리나라 국민건강증진사업
4. 일차보건의료
5. 건강증진 이론

1 건강증진의 개념이 대두된 라론드 보고서에서는 건강결정요인을 (㉠)로 구분하였고, 전체 요인의 50% 이상을 차지하는 (㉡)의 중요성을 강조하였다.
㉠에 포함되어야 할 4가지 요소를 쓰고, ㉡의 빈칸을 채우시오.

2 WHO 국제 건강증진 회의로 1차 오타와 국제회의가 개최되었다. 오타와 회의에서 정한 건강증진의 3대 원칙과 건강증진의 5대 활동 전략을 제시하시오.

3 다음은 WHO 9차 국제 건강증진 회의에 대한 내용이다. ㉠~㉤의 빈칸을 채우시오.

- WHO 9차 국제회의가 상하이에서 개최되었다. (㉠)라는 주제로 회의가 개최되었고, UN의 (㉡) 달성에 중요한 요소인 건강증진정책을 함께 추진하기로 선언하였고, 건강증진에 대한 정치적 헌신과 재정적 투자확대를 서약하였다. 이 회의에서는 (㉢), (㉣), (㉤)을 3대축으로 선정하였다.

4 다음은 WHO 10차 국제 건강증진 회의에 대한 내용이다. ㉠~㉣의 빈칸을 채우시오.

- WHO 제10차 제네바 국제회의는 (㉠)를 위한 글로벌 운동의 출발에 동의하고, 이를 위한 5가지 정책을 구현하기로 하였다. 5가지 정책으로는 ① 인류발전에 기여하는 공평한 경제설계, ② 공익을 위한 공공정책 수립, ③ (㉡), ④ (㉢), ⑤ (㉣)이다.

5 다음은 국민건강증진법 제 1조 건강증진의 목적이다. ㉠~㉣의 빈칸을 채우시오.

- 국민에게 건강에 대한 (㉠)와 (㉡)을 함양하도록 건강에 대한 바른 (㉢)을 보급하고 스스로 건강생활을 (㉣)할 수 있는 여건을 조성함으로써 국민의 건강을 증진함을 목적으로 한다.

6 건강증진의 접근방식으로 블레스로우는 3가지 수단을 제시하였다. 3가지 수단을 적으시오.

7 우리나라 건강증진 사업이 필요한 이유를 4가지 제시하시오.

8 다음에서 설명하는 기관의 명칭을 쓰시오.

- '국민건강증진정책수립을 위한 자료 개발 및 정책 분석, 종합계획 수립의 지원, 위원회의 운영지원, 기금관리 및 운영지원 등, 국민건강증진사업의 관리, 기술 지원 및 평가 등' 국민건강증진기금의 효율적인 운영과 국민건강증진사업의 원활한 추진을 위하여 설립된 기관임

9 다음은 「국민건강증진법」 제 8조 금연 및 절주운동 등에 대한 내용이다. ㉠~㉤의 빈칸을 채우시오.

제8조(금연 및 절주운동등)
① 국가 및 지방자치단체는 국민에게 담배의 (㉠) 또는 (㉡)과 과다한 (㉢)가 국민건강에 해롭다는 것을 교육·홍보하여야 한다.
④ 「주류 면허 등에 관한 법률」에 의하여 주류제조의 면허를 받은 자 또는 주류를 수입하여 판매하는 자는 대통령령이 정하는 주류의 판매용 용기에 (㉣)과 (㉤)의 경고문구를 표기하여야 한다.

10 다음은 「국민건강증진법」 제 9조 금연을 위한 조치에 대한 내용이다. ㉠~㉣의 빈칸을 채우시오.

제9조(금연을 위한 조치)
② 담배사업법에 의한 지정소매인 기타 담배를 판매하는 자는 대통령령이 정하는 장소외에서 담배자동판매기를 설치하여 담배를 판매하여서는 아니된다.
③ 제2항의 규정에 따라 대통령령이 정하는 장소에 담배자동판매기를 설치하여 담배를 판매하는 자는 보건복지부령이 정하는 바에 따라 (㉠)를 부착하여야 한다.
⑥ 특별자치시장·특별자치도지사·시장·군수·구청장은 흡연으로 인한 피해 방지와 주민의 건강 증진을 위하여 다음 각 호에 해당하는 장소를 금연구역으로 지정하고, 금연구역임을 알리는 안내표지를 설치하여야 한다. 이 경우 금연구역 안내표지 설치 방법 등에 필요한 사항은 보건복지부령으로 정한다.
1) 「유아교육법」에 따른 유치원 시설의 경계선으로부터 (㉡)미터 이내의 구역
2) 「영유아보육법」에 따른 어린이집 시설의 경계선으로부터 (㉢)미터 이내의 구역
3) 「초·중등교육법」에 따른 학교 시설의 경계선으로부터 (㉣)미터 이내의 구역

11 다음은 「국민건강증진법」 제9조의2(담배에 관한 경고문구 등 표시) 내용이다. ㉠~㉤의 빈칸을 채우시오.
㉣에는 총 6가지 담배의 발암성 물질을 제시하시오.

제9조의2(담배에 관한 경고문구 등 표시)
① 「담배사업법」에 따른 담배의 제조자 또는 수입판매업자는 담배갑포장지 앞면·뒷면·옆면 및 대통령령으로 정하는 광고에 다음 각 호의 내용을 인쇄하여 표기하여야 한다.
  1) 흡연의 폐해를 나타내는 내용의 (㉠)
  2) 흡연이 (㉡) 및 다른 사람의 건강을 위협할 수 있다는 내용의 경고문구
  3) (㉢)은 흡연자의 흡연습관에 따라 다르다는 내용의 경고문구
  4) 담배에 포함된 다음 각 목의 발암성물질
    (㉣)
  5) 보건복지부령으로 정하는 (㉤)

12 다음은 「국민건강증진법 시행령」 제16조의2(전자담배 등에 대한 경고그림등의 표기내용 및 표기방법)이다. ㉠~㉚의 빈칸을 채우시오.

제16조의2(전자담배 등에 대한 경고그림등의 표기내용 및 표기방법)
① 법 제9조의2제4항에서 "전자담배 등 대통령령으로 정하는 담배"란 다음 각 호의 담배를 말한다.
  1) 전자담배, 2) (㉠), 3) (㉡), 4) (㉢)
② 법 제9조의2제4항에 따라 이 조 제1항 각 호에 해당하는 담배의 담배갑포장지에 표기하는 경고그림 및 경고문구의 표기내용은 흡연의 (㉣), 흡연이 (㉤) 의존 및 중독을 유발시킬 수 있다는 사실과 담배 특성에 따른 다음 각 호의 구분에 따른 사실 등을 명확하게 알릴 수 있어야 한다.
  1) 전자담배 : (㉥), (㉦) 등이 포함되어 있다는 내용
  2) 씹는 담배 및 머금는 담배 : (㉧) 등 질병의 원인이 될 수 있다는 내용
  3) 물담배 : (㉨)검출 등 궐련과 동일한 위험성이 있다는 내용과 사용 방법에 따라 (㉚)에 감염될 위험성이 있다는 내용

13 다음은 「국민건강증진법」 제19조(건강증진사업 등) 내용이다. ㉠~㉣의 빈칸을 채우시오.

제19조(건강증진사업 등)
① 국가 및 지방자치단체는 국민건강증진사업에 필요한 요원 및 시설을 확보하고, 그 시설의 이용에 필요한 시책을 강구하여야 한다.
② 특별자치시장·특별자치도지사·시장·군수·구청장은 지역주민의 건강증진을 위하여 보건복지부령이 정하는 바에 의하여 보건소장으로 하여금 다음 각호의 사업을 하게 할 수 있다.
  1) (㉠)
  2) (㉡)
  3) (㉢)
  4) (㉣)
  5) 질병의 조기발견을 위한 검진 및 처방
  6) 지역사회의 보건문제에 관한 조사·연구
  7) 기타 건강교실의 운영등 건강증진사업에 관한 사항

14 다음은 「국민건강증진법 시행령」 제17조(보건교육의 내용)이다. ㉠~㉤의 빈칸을 채우시오.

제17조(보건교육의 내용) 법 제12조에 따른 보건교육에는 다음 각 호의 사항이 포함되어야 한다.
  1) (㉠)
  2) (㉡)
  3) (㉢)
  4) (㉣)
  5) (㉤)
  6) 건강증진을 위한 체육활동에 관한 사항
  7) 그 밖에 건강증진사업에 관한 사항

15 제 5차 국민건강증진계획(HP 2030)의 비전과 최종목표를 쓰시오.

16 제 5차 국민건강증진계획(HP 2030) 건강결정요인 4가지를 쓰시오.

17 제 5차 국민건강증진계획(HP 2030)의 6가지 분과명을 쓰시오.

18 제 5차 국민건강증진계획(HP 2030)의 건강생활 실천 분과의 5가지 과제명을 쓰시오.

19 제 5차 국민건강증진계획(HP 2030)의 비감염성 질환예방관리 분과의 4개 과제명을 쓰시오.

20 제 5차 국민건강증진계획(HP 2030)의 감염 및 기후변화성 질환 예방관리 분과의 3개 과제명을 쓰시오.

21 제 5차 국민건강증진계획(HP 2030)의 정신건강관리 분과의 4가지 과제명을 쓰시오.

22 제 5차 국민건강증진계획(HP 2030)의 건강친화적 환경구축 분과의 5가지 과제명을 쓰시오.

23 제 5차 국민건강증진계획(HP 2030)의 인구집단별 건강관리 분과 중 영유아 대표지표 1가지를 쓰시오.

24 제 5차 국민건강증진계획(HP 2030)의 인구집단별 건강관리 분과 중 모성 대표지표 1가지를 쓰시오.

25 제 5차 국민건강증진계획(HP 2030)의 인구집단별 건강관리 분과 중 청소년 대표지표를 쓰시오.

26 제 5차 국민건강증진계획(HP 2030)의 감염 및 기후변화성 질환 예방관리 분과 중 감염병 예방 및 관리, 감염병 위기대비·대응 관련 2가지 대표지표를 쓰시오.

27 제 5차 국민건강증진계획(HP 2030)의 건강생활 실천 분과의 구강건강에 해당하는 대표지표 1가지를 쓰시오.

28 지역사회 통합건강증진사업의 특징에 대해 서술하시오.

29 지역사회 통합건강증진사업의 목적을 쓰시오.

30 건강증진학교의 정의를 쓰시오.

31 WHO 건강증진학교 모형의 5가지 영역을 제시하시오.

32 다음은 한국형 건강증진학교 모형에 대한 설명이다. ㉠~㉢의 빈칸을 채우고, ㉠~㉢의 하위요소를 각각 4가지씩 제시하시오.

- 한국형 건강증진학교의 모형은 (㉠), (㉡), (㉢), (㉣) 4개 영역과 16개의 하위 요소로 구성되었으며, 각 요소별 유기적 관계를 강조함

33 일차보건의료의 개념을 쓰고, 알마아타 회의가 우리나라에 보건정책에 영향을 미친 내용을 쓰시오.

34 WHO 일차보건의료의 필수요소(기본원칙) 4가지를 제시하시오.

35 WHO 일차보건의료 서비스로 알마아타 선언을 통해 제시된 내용 8가지를 쓰시오.

36 타나힐의 건강증진모형의 3요소를 쓰시오.

37 타나힐의 건강증진 7가지 영역 중 '예방중심 건강증진 영역' 4가지를 쓰고 개념을 서술하시오.

38 타나힐의 건강증진 7가지 영역 중 '적극적 건강향상 중심 건강증진 영역' 3가지를 쓰고 개념을 서술하시오.

39 건강신념모형 중 지각된 위협감의 개념을 서술하시오.

40 건강신념모형 중 '개인의 신념'에 포함되는 5가지 개념을 제시하고, 각각의 개념을 서술하시오.

41 건강신념모형 중 조정(수정)요인에 포함되어야 하는 3가지 요인을 제시하시오.

42 건강신념 모형 중 '행위의 계기'의 개념을 쓰시오.

43 건강신념 모형 중 '행위의 계기'가 중요한(필요한) 이유를 서술하시오.

44 건강신념모형의 개념요소와 건강행위의 가능성에 대한 내용이다. 개인의 신념 5가지 개념 중 (㉠)가 높을수록 건강행위 가능성이 낮아진다. ㉠의 빈칸을 채우시오.

45 건강신념모형의 개념요소와 건강행위의 가능성에 대한 내용이다. 개인의 신념이 높을수록 건강행위 가능성이 높아지는 신념 4가지를 제시하시오.

46 건강증진모형의 특징을 건강신념모형과 비교하여 2가지만 제시하시오.

47 건강증진모형 중 '개인의 특성과 경험'에 포함되어야 하는 2가지 개념을 서술하시오.

48 건강증진 모형 중 '행위와 관련된 인지와 감정'에 포함되어야 하는 6가지 항목을 쓰고, 각각의 개념을 서술하시오.

49 건강증진모형 중 '행위와 관련된 인지와 감정'를 어떻게 지각하고 느낄 때 건강증진행위가 강화되는지를 쓰시오. 6가지 개념을 구분해서 각각으로 제시하시오.

50 건강증진 모형 중 '즉각적인 갈등적 요구와 선호'에 대해 설명하시오.

51 반두라의 사회인지이론의 상호결정론 3요소를 제시하시오.

52 반두라의 사회인지이론의 핵심요소 3가지를 쓰고, 각각의 개념을 서술하시오.

53 자기효능감을 증진하는 방안 4가지를 쓰고, 각각의 개념을 서술하시오.

54 자기효능감의 영향요소 2가지를 쓰고, 각각의 개념을 서술하시오.

55 반두라의 사회인지이론의 행동요소인 '자기조절행동'의 개념을 서술하시오.

56 사회인지이론의 '자기조절행동'의 3가지 단계의 명칭을 쓰고, 각각의 단계에 대해 설명하시오.

57 사회인지이론의 환경요소인 '관찰학습'의 정의를 쓰시오.

58 사회인지이론의 '관찰학습 과정' 4가지의 개념을 각각 서술하시오.

59 사회인지이론의 '관찰학습과 관련된 강화'의 3가지 형태를 쓰고, 각각의 개념을 서술하시오.

60 합리적 행위이론에서 행위에 대한 가장 직접적인 결정요인을 1가지만 쓰고, 개념을 서술하시오.

61 다음은 합리적 행위이론에 대한 설명이다. ㉠~㉢의 빈칸을 채우시오.

- 행위의 의도는 (㉠)와 (㉡)에 의해 결정되며, 두 요소가 서로 일치되지 않을 때, 행위의 의도는 두 요소의 (㉢)으로 결정된다.

62 합리적 행위이론 중 '행위에 대한 태도'에 대한 개념을 설명하고, 2가지 구성요소에 대해 서술하시오.

63 합리적 행위이론 중 '주관적 규범'에 대한 개념을 설명하고, 2가지 구성요소에 대해 서술하시오.

64 계획된 행위이론은 합리적 행위이론 중 (㉠) 개념을 추가한 이론이다. ㉠의 개념에 대해 제시하시오.

65 계획된 행위론에 대한 설명이다. 지각된 행위통제는 (㉠)과 (㉡)으로 구성된다. ㉠, ㉡의 개념에 대해 서술하시오.

66 PRECEDE-PROCEED 모형은 1~8단계의 과정으로 이루어진다. ㉠~㉦의 빈칸을 채우시오.

- 1~4단계는 사정(진단)단계로, 1단계 (㉠) 진단 – 2단계 (㉡) 진단 – 3단계 (㉢) – 4단계 (㉣)단계이며, 5단계는 수행단계, 6단계는 (㉤)평가, 7단계는 (㉥)평가, 8단계는 (㉦)평가임

67 PRECEDE-PROCEED 모형의 1단계 사회적 진단을 통해 규명하고자 하는 내용을 쓰시오.

68 PRECEDE-PROCEED 모형의 2단계 역학적 진단을 통해 규명하고자 하는 내용을 쓰시오.

69 PRECEDE-PROCEED 모형의 2단계 행위적·환경적 진단을 통해 규명하고자 하는 내용을 쓰시오.

70 PRECEDE-PROCEED 모형의 3단계 교육 및 생태학적 진단의 '성향요인'에 대해 설명하시오.

71 PRECEDE-PROCEED 모형의 3단계 교육 및 생태학적 진단의 '가능(촉진)요인'에 대해 설명하시오.

72 PRECEDE-PROCEED 모형의 3단계 교육 및 생태학적 진단의 '강화요인'에 대해 설명하시오.

73 PRECEDE-PROCEED 모형의 4단계 행정 및 정책적 진단에 대해 설명하시오.

74 범이론적 모형에 대한 설명이다. 범이론적 모형의 구성개념은 (㉠), (㉡), (㉢), (㉣)의 4가지 구성요소로 이루어져 있다. ㉠~㉣의 빈칸을 채우시오.

75 범이론적 모형의 변화단계를 6단계로 구분할 때, 6단계에 대해 쓰시오.

76 범이론적 모형의 변화단계 중 '계획이전 단계'에 대해 서술하시오.

77 범이론적 모형의 '계획이전 단계'에서의 변화과정 3가지를 쓰시오.

78 범이론적 모형의 '계획이전 단계'에서의 교육전략을 쓰시오.

79 범이론적 모형의 '계획단계(인식단계)'에 대해 정의하시오.

80 범이론적 모형의 '계획단계(인식단계)'에서 시행할 수 있는 교육전략에 대해 쓰시오.

81 범이론적 모형의 '준비단계'에 대해 설명하시오.

82 범이론적 모형의 '준비단계'에서의 변화과정 1가지를 제시하시오.

83 범이론적 모형의 '준비단계'에서의 교육전략을 쓰시오.

84 범이론적 모형의 '행동단계(실행단계)'에 대해 서술하시오.

85 범이론적 모형의 '행동단계'에서의 교육전략을 쓰시오.

86 범이론적 모형의 '행동단계'에서의 변화과정 4가지를 쓰시오.

87 범이론적 모형의 '유지단계'에 대해 서술하시오.

88 범이론적 모형에 따라 행위변화를 시도했다가 실패하는 경우는 (　㉠　)단계부터 다시 시작해야 한다. ㉠의 빈칸을 채우시오.

89 범이론적 모형의 '종결단계'에 대해 서술하시오.

90 범이론적 모형의 '인지적 변화과정' 5가지를 쓰시오.

91 범이론적 모형의 '행동적 변화과정' 5가지를 쓰시오.

92 범이론적 모형의 '인식제고(의식고취)'에 대한 개념을 설명하시오.

93 범이론적 모형의 '정서적 각성(극적해소, 극적안도)'에 대한 개념을 설명하시오.

94 범이론적 모형의 '환경재평가'에 대한 개념을 설명하시오.

95 범이론적 모형의 '자아재평가'에 대한 개념을 설명하시오.

96 범이론적 모형의 '사회적 해방'에 대한 개념을 설명하시오.

97 범이론적 모형의 '대체행동 형성'에 대한 개념을 설명하시오.

98 범이론적 모형의 '지원관계 형성'에 대한 개념을 설명하시오.

99 범이론적 모형의 '강화관리'에 대한 개념을 설명하시오.

100 범이론적 모형의 '자아해방'에 대한 개념을 설명하시오.

101 범이론적 모형의 '자극통제'에 대한 개념을 설명하시오.

102 범이론적 모형의 '의사결정 균형'에 대한 개념을 서술하시오.

103 범이론적 모형의 의사결정 균형은 (㉠) 단계는 부정적인 측면이 높고, (㉡)단계는 이득과 손실과 같게 되고, (㉢)단계부터 긍정적인 측면(이득)이 더 많아지게 된다. ㉠,㉡,㉢의 빈칸을 채우시오.

104 범이론적 모형에서 자기효능감은 변화단계가 높아질수록, 자기효능감은 커진다. 자기효능감의 개념을 쓰고, 자기효능감이 100%인 단계를 쓰시오.

PART 05

보건행정

1 보건의료체계
2 보건의료재정
3 사회보장제도
4 보건의료조직

1 WHO는 보건의료체계의 목적을 3가지로 제시하였다. 보건의료체계의 목적 3가지를 쓰고, 목적을 달성하기 위한 4가지 핵심기능을 쓰시오.

2 양질의 보건의료서비스(= 적정 보건의료서비스)의 구성요소 4가지를 제시하시오.

3 보건의료체계의 5가지 하부 구성요소를 제시하시오.

4 Fly의 보건의료체계 유형 중 국가보건서비스형으로 국가에서 무료로 제공하는 서비스 유형을 쓰시오.

5 Fly의 보건의료체계 중 자유방임형의 장점과 단점을 각각 4가지씩 제시하시오.

6 Fly의 보건의료체계 유형 중 예방이 가장 최우선되나, 의료선택권은 박탈되는 서비스 유형을 쓰시오.

7 Fly의 보건의료체계 유형 중 사회보장형의 장점과 단점을 각각 4가지씩 제시하시오.

8 보건의료체계의 분류 중 Roemer의 Matrix형 분류이다. 정부의 시장개입의 정도에 따라 시장개입의 정도가 낮은 것부터 높은순으로 4가지를 제시하시오.

9 우리나라 보건의료체계의 문제점을 서술하시오. (6가지)

10 진료비 지불보상제도 중 '행위별 수가제'에 대해 설명하시오.

11 행위별 수가제의 장점과 단점을 각각 4가지씩 제시하시오.

12 우리나라 행위별수가제는 상대가치 점수제(상대가치 수가제)를 도입하고 있다. 상대가치 점수제의 구성요소 3가지를 제시하시오.

13 포괄수가제의 특징을 서술하시오.

14 포괄수가제의 장점과 단점을 각각 4가지 이상 제시하시오.

15 질병군별 포괄수가제(DRG)의 한계점 1개만 제시하시오.

16 우리나라에서 적용하고 있는 포괄수가제 7가지 질병군을 제시하시오.

17 다음은 신포괄수가제에 대한 설명이다. ㉠, ㉡의 빈칸을 채우시오.

- 신포괄수가제는 입원기간 동안 발생한 입원료, 처치 등 진료에 필요한 기본적인 서비스는 (㉠)수가로 묶고, 의사의 수술, 시술 등은 (㉡)수가로 별도 보상하는 제도임

18 진료비 보상제도 중 일당수가제(일당 정액제)에 대해 설명하시오.

19 일당수가제(일당 정액제)의 장점 2가지와 단점 2가지를 서술하시오.

20 봉급제의 특징을 서술하시오.

21 봉급제의 장점과 단점을 2가지 이상 제시하시오.

22 인두제의 개념을 제시하시오.

23 인두제의 장점과 단점을 각각 4가지 이상 서술하시오.

24 총괄계약제의 특징에 대해 서술하시오.

25 총괄계약제의 장점과 단점을 각각 3가지 이상씩 제시하시오.

26 진료비 본인부담제 중 본인부담 정률제에 대해 설명하시오.

27 진료비 본인부담제 중 본인부담 정액제의 개념을 쓰시오.

28 진료비 본인부담제 중 비용공제제에 대해 서술하시오.

29 다음은 사회보장기본법 제 2조의 사회보장에 대한 내용이다. ㉠~㉤의 빈칸을 채우시오.

- 사회보장이란 "출산, 양육, 실업, 노령, 장애, 질병, 빈곤 및 사망 등의 (㉠)으로부터 모든 국민을 보호하고, 국민 삶의 질을 향상시키는데 필요한 (㉡)·(㉢)를 보장하는 사회보험, (㉣), (㉤)를 말한다.

30 다음에서 설명하는 사회보장정책의 기본방향의 개념을 쓰시오.

- "생애주기에 걸쳐 보편적으로 충족되어야 하는 기본욕구와 특정한 사회위험에 의하여 발생하는 특수욕구를 동시에 고려하여 소득·서비스를 보장하는 맞춤형 사회보장제도를 말한다."

31 사회보장제도의 목적(긍정적 기능) 4가지를 쓰시오.

32 사회보장제도의 역기능(부정적 기능) 3가지를 쓰시오.

33 다음은 사회보장의 원칙이다. ㉠, ㉡의 빈칸을 채우시오.

- 사회보험은 (㉠)의 책임으로 시행하고, 공공부조와 사회서비스는 (㉡)의 책임으로 시행하는 것을 원칙으로 한다.

34 사회보장기본법 제 3조의 사회보험의 정의를 쓰시오.

35 사회보험의 소득보장 3가지와 의료보장 3가지를 제시하시오.

36 사회보험의 목적을 쓰시오.

37 사회보험의 특징 4가지는 ① 강제성, ② (㉠), ③ 사회성, ④ (㉡)이다. ㉠, ㉡의 빈칸을 채우시오.

38 우리나라 5대 사회보험의 종류를 쓰고, 각각의 집행기구(운영주체)를 쓰시오.

39 공공부조의 개념을 서술하시오. (사회보장기본법 제 3조)

40 공공부조의 종류는 소득보장으로 (㉠), 의료보장으로 (㉡)을 제공한다. ㉠, ㉡의 빈칸을 채우시오.

41 다음은 공공부조의 특징이다. 빈칸을 채우시오. 공공부조의 수혜자는 (㉠)으로 한정되며, 급여는 수혜자의 (㉡)나 (㉢)를 조사한 후에 주어진다. ㉠~㉢의 빈칸을 채우시오.

42 사회보장제도 중 사회서비스의 종류 4가지를 제시하시오.

43 의료보장제도에 대한 설명이다. 의료보장제도는 사회보험 방식으로는 (㉠), 공공부조 방식으로는 (㉡)이다. ㉠, ㉡의 빈칸을 채우시오.

44 다음은 국민건강보험의 보험료 부과에 대한 내용이다. ㉠, ㉡의 빈칸을 채우시오.

- 직장가입자는 (㉠)로 보험료를 측정하여, 사용자와 근로자가 각각 50% 씩 부담하며, 지역가입자는 소득, 재산, 생활수준 등을 기준으로 (㉡)를 실시한다.

45 우리나라의 국민건강보험 급여는 (㉠)급여를 원칙으로 하고, (㉡)급여를 병행하고 있다. ㉠, ㉡의 빈칸을 채우시오.

46 국민건강보험 요양급여는 1) 진찰·검사, 2) (㉠)의 지급, 3) (㉡) 및 그밖의 치료, 4) 예방·재활, 5) (㉢), 6) 간호, 7) 이송에 드는 비용 등이다. ㉠~㉢의 빈칸을 채우시오.

47 우리나라 국민건강보험 요양급여 진료체계는 1단계 요양급여를 받은 후 요양급여의뢰서를 통해 2단계 요양급여를 받을 수 있다. 상급종합병원에서 1단계 요양급여를 받을 수 있는 경우(요양급여절차의 예외) 7가지를 서술하시오.

48 다음에서 설명하는 보건의료조직을 쓰시오.

- '진료사업은 수행하지는 않으나, 지역사회 통합건강증진 사업 중 금연, 절주, 영양, 신체활동과 같은 건강생활실천사업과 만성질환예방관리사업을 필수사업으로 수행하고 있음. 읍·면·동별 1개소씩 설치하여 운영중임'

PART 06

역학과 보건통계

1 역학연구의 이해
2 질병발생과 역학
3 질병의 자연사와 예방수준
4 감염성 질환의 발생
5 감염성 질환의 관리와 유행조사
6 역학연구방법
7 보건통계 활용

1 역학의 목적(기능, 역할)을 4가지 이상 서술하시오.

2 질병발생의 삼각형 모형의 3요인에 대해 쓰시오.

3 위험요인에 대한 노출과 질병사이의 연관성을 판단하는 기준으로 힐(hill)은 8가지를 제시하였다. 원인적 연관성 판단기준 8가지를 쓰시오.

4 질병발생 모형 중 '생태학적 모형(지렛대 이론)'의 3요인을 쓰시오.

5 생태학적 모형(지렛대 이론)에서의 '건강상태'에 대해 설명하시오.

6 생태학적 모형(지렛대 이론)의 장점 1가지와 단점 1가지를 쓰시오.

7 질병발생 모형 중 '수레바퀴 모형'에 대한 설명이다. 수레바퀴 모형은 (㉠)와 (㉡)의 상호작용에 의해 질병의 발생을 설명하는 모형으로, 병원체는 (㉢)의 일부로 간주한다. ㉠~㉢의 빈칸을 채우시오.

8 수레바퀴 모형에서는 환경을 세가지 종류로 구분하고 있다. 수레바퀴 모형에서의 환경의 종류 3가지를 모두 쓰시오.

9 수레바퀴 모형의 장점(의의) 2가지를 쓰시오.

10 질병발생 모형 중 '거미줄 모형(원인망 모형)'에 대해 서술하시오.

11 거미줄 모형(원인망 모형)에서 질병 발생 경로를 단절하는 방법을 2가지 쓰시오.

12 거미줄 모형(원인망 모형)의 장점(의의)를 2가지 제시하시오.

13 Leavell & Clark은 질병의 자연사를 5단계로 구분하고 있다. 질병발생 이전기에 해당되는 단계를 쓰시오.

14 Leavell & Clark은 질병의 자연사를 5단계로 구분하고 있다. 질병발생기에 해당되는 단계를 쓰시오.

15 질병의 자연사와 예방수준에 대한 설명이다. ㉠~㉾의 빈칸을 채우시오.

- 1단계 비병원성기는 (㉠)예방의 (㉡)이며, 2단계 초기 병원성기는 (㉢)예방의 (㉣)이다.
- 3단계 불현성감염기는 (㉤)예방의 (㉥)이며, 4단계 발현성 감염기는 (㉦)예방의 (㉧)이며, 5단계 회복기는 (㉨)예방의 (㉾)이다.

16 감염성 질환의 '잠복기'에 대한 개념을 서술하시오.

17 감염성 질환의 '잠재기(잠재기간)'에 대한 개념을 서술하시오.

18 감염성 질환의 '개방기(감염기)'에 대한 개념을 서술하시오.

19 감염성 질환의 '세대기'에 대한 개념을 서술하시오.

20 다음은 호흡기 감염병과 소화기 감염병의 자연사에 대한 비교이다. ㉠, ㉡의 빈칸을 채우시오.

- 호흡기감염병은 잠재기간보다 (㉠)가 길어, 증상발현보다 병원균(균) 배출이 먼저 일어난다.
- 소화기감염병은 잠복기에 비해 (㉡)가 길어, 증상이 먼저 나타나고, 그다음에 병원체(균)가 배출된다.

21 감염성 질환은 병원체와 숙주의 상호반응에 의해 감염에 성공하기도, 실패하기도 한다. 감염의 결정요인 5가지를 서술하시오.

22 병원체와 숙주의 상호반응에 의해 감염에 실패하는 경우를 모두 서술하시오. (5가지)

23 병원체와 숙주의 상호반응에 의해 불현성 감염이 되는 경우를 모두 서술하시오. (4가지)

24 병원체와 숙주의 상호반응에 의해 현성 감염이 되는 경우를 모두 서술하시오. (4가지)

25 병원체 특성에 따른 통계 중 '감염력'에 대한 정의와 산식을 쓰시오.

26 '감염력'의 ID50에 대한 개념을 서술하시오.

27 병원체 특성에 따른 통계 중 '발병력(병원력)'에 대한 정의와 산식을 쓰시오.

28 병원체 특성에 따른 통계 중 '독력'에 대한 정의와 산식을 쓰시오.

29 병원체 특성에 따른 통계 중 '치명력'에 대한 정의와 산식을 쓰시오.

30 불현성 감염과 현성감염의 개념을 서술하시오.

31 감염성 질환의 발생과 전파는 총 6단계로 연쇄적 고리로 진행된다. 6단계를 순서대로 쓰시오.

32 병원체의 7가지 종류를 쓰시오.

33 병원체의 특성 중 '특이성'에 대해 설명하시오.

34 병원체의 특성 중 '항원성'에 대해 설명하시오.

35 병원소는 (㉠)병원소, (㉡) 병원소, (㉢)병원소로 구분되어진다. ㉠~㉢의 빈칸을 채우시오.

36 인간병원소는 환자, 무증상감염자(불현성감염자), (㉠)로 구분되어 진다. ㉠의 빈칸을 채우고, 감염병 관리에 ㉠이 중요한 이유를 4가지 서술하시오.

37 인수공통감염병에 대한 개념을 서술하시오.

38 보균자는 잠복기 보균자, (㉠) 보균자, (㉡)로 구분할 수 있다. ㉠, ㉡의 빈칸을 채우고, 각각의 개념을 설명하시오.

39 병원소에서 병원체가 탈출하는 방법은 총 5가지가 있다. 5가지 병원체 탈출에 대해 서술하시오.

40 배출된 병원체가 새로운 숙주에 운반되는 과정인 '전파'는 중간매개체의 여부에 따라 (㉠)전파와 (㉡)전파로 구분된다. ㉠, ㉡의 빈칸을 채우시오.

41 직접전파는 직접접촉과 간접접촉으로 구분되어 진다. 직접접촉은 (㉠)접촉, (㉡)접촉, (㉢)감염, (㉣)으로 구분되어 진다. ㉠~㉣의 빈칸을 채우시오.

42 직접전파 중 간접접촉에 의한 전파 1가지를 쓰고, 개념을 설명하시오.

43 간접전파는 새로운 숙주에게 중간 매개체를 통해 전파되는 것으로 (㉠)전파와 (㉡)전파로 구분되어진다. ㉠, ㉡의 빈칸을 채우시오.

44 간접전파의 무생물매개 전파의 4가지 전파양식을 쓰시오.

45 간접전파의 무생물 전파 중 '개달물'의 개념을 쓰시오.

46 비말 전파와 비말핵 전파의 차이를 쓰시오.

47 활성 매개체 전파와 비활성 매개체 전파에 대해 설명하시오.

48 병원체가 새로운 숙주에 도달하여도 숙주의 저항력이 있으면 감염은 성립하지 않는다. 숙주의 저항력으로 1차 방어와 2차 방어에 대해 서술하시오.

49 숙주의 감수성에 대한 개념을 서술하시오.

50 숙주의 감수성지수(접촉감염지수)의 개념을 설명하고, 산식을 적으시오.

51 숙주의 특이적 면역과 비특이적 면역에 대한 개념을 서술하시오.

52 숙주의 면역에 대한 개념을 한줄로 설명하시오.

53 능동면역과 수동면역의 개념을 서술하시오.

54 자연능동면역과 인공능동면역의 개념을 쓰시오.

55 자연수동면역과 인공수동면역의 개념을 쓰시오.

56 다음은 백신의 종류이다. ㉠ 약독화된 생균백신, ㉡ 사균백신, ㉢ 톡소이드에 대한 개념을 쓰고, ㉠~㉢의 종류를 3가지씩 제시하시오.

57 백신의 실패는 1차 백신실패와 2차 백신실패로 구분할 수 있다. 각각의 개념을 서술하시오.

58 지역사회에서 예방접종의 효과를 측정하기 위한 '백신 효과'(%)의 공식을 제시하시오.

59 감염성 질환의 관리원칙으로 감염회로를 차단하기 위한 방법이다. 인간병원소의 관리에 대해 쓰시오.

60 감염병 전파과정 차단으로 '검역'를 시행한다. '검역'의 개념을 쓰시오.

61 감염병 전파과정 차단으로 '격리'를 시행한다. '격리'의 개념을 쓰시오.

62 감염병 전파과정으로 '환경위생'을 시행한다. '환경위생' 방법을 3가지 이상 쓰시오.

63 다음은 검역감염병의 감시 또는 격리기간(잠복기간)이다. ㉠~㉤의 빈칸을 채우시오.

- 콜레라는 (㉠)일, 페스트는 (㉡)일, 황열은 (㉢)일, 중증 급성호흡기증후군(SARS)는 (㉣)일, 에볼라바이러스는 (㉤)일 감사 또는 격리한다.

64 감염병 유행 시 시행하는 "사회적 거리두기(물리적 거리두기)"의 개념을 서술하시오.

65 집단면역의 개념을 서술하고, 집단면역의 산식을 쓰시오.

66 한계밀도의 개념을 정의하시오.

67 기초 감염재생산자수(기초 감염재생산지수 R_0)의 개념을 서술하시오.

68 모든 사람이 A질병에 감수성을 가진 지역사회에 A질병에 걸린 사람이 평균 직접 감염시킨 사람수가 10명이다. 이중 지역사회 사람 중 70%가 예방접종으로 면역이 생겼다고 할 때, 2세대(2차) 감염자수와 3세대(3차) 감염자수는 몇 명인가?

69 한계밀도의 공식을 쓰시오.

70 A질병의 기초 감염재생산수(R_0)가 4명 일 때, 면역자수가 3명이라면, 이 질병의 유행을 예방하기 위해서 필요한 해당 지역사회의 집단면역의 한계밀도는?

71 감염재생산수(감염재생산지수, R)의 개념을 서술하시오.

72 다음은 감염재생산수에 대한 설명이다. 감염재생산수(감염재생산지수, R) 값에 따라 감염병의 유행여부를 알 수 있다. ㉠ R > 1, ㉡ R = 1, ㉢ R < 1 일 때 감염병 유행이 어떻게 되는지 각각 서술하시오.

73 A 감염병의 기초감염재생산주가 4이고, 해당 지역의 집단면역이 50%일 때, A 감염병의 유행이 어떻게 되는지 예측하시오.

74 감염재생산수(R)에 결정요인은 p(β), c(k), d(D)로 구성된다. p(β), c(k), d(D)가 무엇인지 쓰시오.

75 감염재생산수(R)를 줄여 감염병 유행을 막고자 한다. 결정요인은 p(β), c(k), d(D)의 각각을 감소시킬 수 있는 방법(대책)을 제시하시오.

76 감염성 질환의 유행을 조사하기 위해 감염병 현지 역학 조사를 실시하고자 한다. 유행조사 단계의 ㉠~㉣의 빈칸을 채우시오.

- 1단계 : (㉠)의 확인 - 2단계 : (㉡)의 확인 - 3단계 : (㉢) - 4단계 : 가설 설정 - 5단계 : 가설 검정 - 6단계 : (㉣) - 7단계 : 보고서 작성

77 역학연구방법 중 기술역학 연구에 대한 개념을 서술하시오.

78 기술역학 연구의 목적을 서술하시오.

79 기술역학 연구의 지역적 변수는 지역응집성에 따라 4가지 종류로 구분된다. 다음에서 설명하는 지역응집성의 종류를 쓰시오.

- '질병발생이 한 지역에 국한되지 않고, 최소한 두 국가 이상의 광범위한 지역에서 동시에 발생 또는 유행함'

80 기술역학 연구의 지역적 변수의 '유행성'에 대해 정의하시오.

81 기술역학 연구의 지역적 변수의 '토착성'에 대해 정의하시오.

82 기술역학 연구의 시간적 변수는 5가지 종류로 구분된다. 다음에서 설명하는 시간적변수의 종류를 쓰시오.

- '수십년을 주기로 유행이 반복하는 것임. 어떤 질병을 수십년을 관찰했을 때 증가 혹은 감소의 경향을 보여주는 것임'

83 다음에서 설명하는 기술역학 연구의 시간적 변수 종류를 쓰시오.

• '수년을 주기로 유행이 반복되는 것으로 집단면역과도 관련됨'

84 다음에서 설명하는 기술역학 연구의 시간적 변수 종류를 쓰시오.

• '감염성 질환의 집단 발병 시의 전파양상이나 경로파악을 위해 주나 일 단위의 짧은 주기의 질병 발병건수를 기록하는 것으로 이를 통해 유행하는 감염병의 잠복기나 전파양상의 특성을 파악할 수 있음'

85 기술역학 연구의 생태학적 연구의 개념을 정의하시오.

86 기술역학 연구의 생태학적 연구의 개념의 장점 2가지만 쓰시오.

87 기술역학 연구의 사례연구에 대한 개념을 서술하시오.

88 기술역학 연구의 사례연구 장점 1가지만 쓰시오.

89 단면연구의 개념을 서술하시오.

90 단면 연구의를 시행하는 목적 2가지만 쓰시오.

91 단면 연구의 장점을 3가지 이상 쓰시오.

92 단면 연구의 단점을 3가지 이상 쓰시오.

93 환자-대조군 연구의 개념을 쓰시오.

94 환자-대조군 연구를 통해 산출할 수 있는 통계인 비(Ratio)를 쓰시오.

95 다음에서 설명하는 분석역학 연구방법을 쓰시오.

- 연구목적: 결핵 확진을 받은 학생들을 대상으로 결핵 유발요인을 파악한다.
- 연구일시: 2014년 12월 17일~12월 26일
- 연구방법: 결핵으로 판정받은 학생군과 결핵이 없는 학생군을 대상으로 결핵 위험요인의 노출여부를 조사하기 위한 분석역학 연구

96 환자-대조군 연구의 장점과 단점을 각각 3가지 이상씩 쓰시오.

97 환자-대조군 연구를 통해 산출할 수 있는 '교차비'의 산식을 적고, 교차비의 개념을 서술하시오.

98 교차비(OR)를 산출한 후 해석에 대한 내용이다. OR 〉 1, OR = 1, OR 〈 1 일때의 각각의 교차비 해석에 대해 쓰시오.

99 코호트 연구에 대한 개념을 서술하시오.

100 코호트연구를 통해 산출할 수 있는 통계 3가지를 쓰시오.

101 후향적 코호트 연구에 대한 개념을 서술하시오.

102 다음에서 설명하는 분석역학 연구방법을 쓰시오.

- 2007년 6월 말 A 지역에 있는 3개 중학교에서 학교 급식을 받은 학생들 중 300명의 학생들에게서 식중독이 발생하였다. 역학조사 과정에서 특정업체가 납품한 생오징어 무침이 식중독 발생의 원인으로 의심되었다. 식중독 발생의 원인을 규명하기 위해, 이 음식을 먹은 집단과 먹지 않은 집단으로 분류하여 각 집단에서의 식중독 발병률을 분석하고자 한다. 이와 같은 역학연구방법의 유형을 쓰시오.

103 코호트 연구의 장점과 단점을 각각 3가지씩 서술하시오.

104 코호트 연구를 통해 산출할 수 있는 '상대위험비(비교위험비)'의 산식을 적고, 상대위험비의 개념을 서술하시오.

105 상대위험비(비교위험비)를 산출한 후 해석에 대한 내용이다. RR > 1, RR = 1, RR < 1 일때의 각각의 교차비 해석에 대해 쓰시오.

106 기여위험도의 산식을 쓰고, 개념을 정의하시오.

107 기여위험도의 해석에 대해 쓰시오.

108 기여위험백분율의 산식을 쓰고, 개념을 정의하시오.

109 기여위험도의 해석에 대해 쓰시오.

110 실험연구의 개념에 대해 정의하시오.

111 눈가림법(맹검법) 중 이중 눈가림법(맹검법)에 대해 쓰시오.

112 실험연구의 2가지 종류에 대해 쓰시오.

113 실험연구의 장점 1가지, 단점 2가지를 쓰시오.

114 유병률(시점 유병률)에 대한 산식을 쓰고, 개념을 쓰시오.

115 기간 유병률에 대한 산식을 쓰고, 개념을 쓰시오.

116 발생률(누적 발생률)에 대한 산식을 쓰고, 개념을 쓰시오.

117 평균 발생률에 대한 산식을 쓰고, 개념을 쓰시오.

118 다음은 유병률과 발생률의 관계이다. ㉠~㉥의 빈칸을 채우시오.

- 유병률 = (㉠) × (㉡)이다. 급성질환은 (㉢)이 높고, (㉣)은 낮다. 만성질환은 (㉤)은 낮고, (㉥)은 높다.

119 발병률에 대한 산식을 쓰고, 개념을 쓰시오

120 이차 발병률의 산식을 쓰고, 개념을 쓰시오.

121 조출생률의 산식을 쓰고, 조출생률의 정의를 쓰시오.

122 일반출산율의 산식을 쓰고, 개념을 쓰시오.

123 연령별 특수 출산율의 산식을 쓰고, 개념을 서술하시오.

124 합계 출산율의 산식을 쓰고, 개념을 서술하시오.

125 OECD는 합계출산율이 (㉠)명 이하인 국가를 저출산국가로, 합계출산율이 1.3명 이하인 국가를 (㉡)국가로 분류한다. ㉠, ㉡의 빈칸을 채우시오.

126 총재생산율의 산식을 쓰고, 개념을 서술하시오.

127 순재생산율의 산식을 쓰고, 개념을 서술하시오.

128 조사망률의 산식을 쓰고, 개념을 쓰시오.

129 연령별 특수 사망률의 산식을 쓰고, 개념을 쓰시오.

130 원인별 특수 사망률의 산식을 쓰고, 개념을 쓰시오.

131 비례사망률의 산식을 쓰고, 개념을 쓰시오.

132 비례사망지수의 산식을 쓰고, 개념을 서술하시오.

133 다음은 비례사망지수에 대한 설명이다. ㉠ '비례사망지수가 높다', ㉡ '비례사망지수가 낮다'
㉠, ㉡이 의미하는 바를 각각 서술하시오.

134 WHO의 3대 보건지표를 쓰시오.

135 영아사망률의 산식을 쓰고, 개념을 서술하시오.

136 한 국가의 영아사망률이 높다는 것은 무엇을 의미하는지 서술하시오.

137 알파인덱스(α-index)의 산식을 쓰고, 개념을 서술하시오.

138 한 국가나 지역사회의 보건수준이 가장 높을 때, 알파인덱스(α-index) 값은 어떻게 되는지 쓰시오.

139 보건학적으로 예방대책이 필요한 경우(보건대책), 알파인덱스(α-index) 값은 어떻게 되는지 쓰시오.

140 신생아사망률의 산식을 쓰고, 개념을 정의하시오.

141 초생아(신생아 전기) 사망률의 산식을 쓰고, 개념을 정의하시오.

142 신생아후기(영아후기) 사망률의 산식을 쓰고, 개념을 정의하시오.

143 출생아전후기(주산기) 사망률의 산식을 쓰고, 개념을 쓰시오.

144 출생아전후기(주산기) 사망률이 높다라는 것이 보건학적으로 어떤 의미인지 서술하시오.

145 모성사망률의 산식을 쓰고, 개념을 쓰시오.

146 모성사망비의 산식을 쓰고, 개념을 쓰시오.

147 모성사망률과 모성사망비가 높다는 것은 보건학적으로 어떤 의미인지 쓰시오.

148 직접표준화의 목적을 쓰시오.

149 직접표준화를 통해 사망률을 알고자 한다. 직접 표준화 사망률의 공식을 쓰시오.

150 간접표준화의 목적을 쓰시오.

151 간접표준화를 통해 사망률을 보고자한다. 간접표준화는 기대사망자수, 표준화 사망비를 통해 계산된다. 표준화 사망비(SMR)의 공식을 쓰시오.

152 다음은 간접표준화로 사망률을 보고자 한다. ㉠의 빈칸을 채우시오.

- 간접표준화률 = 표준화 사망비 × (㉠)

153 성비에 대한 산식을 쓰고, ㉠, ㉡, ㉢의 빈칸을 채우시오.

- 1차 성비는 (㉠)성비이고, 2차 성비는 (㉡)성비이며, 3차 성비는 (㉢)의 성비이다.

154 A지역의 현재인구의 남아 성비는 9,000명이고, 여아 성비는 10,000일 때, 성비의 종류와 성비의 값을 쓰시오.

155 부양비(총 부양비)의 산식을 쓰고, 부양비의 개념을 서술하시오.

156 유년부양비의 산식을 쓰고, 개념을 쓰시오.

157 노년부양비의 산식을 쓰고, 개념을 쓰시오.

158 노령화지수의 산식을 쓰고, 개념을 서술하시오.

159 다음은 고령인구 비율에 대한 내용이다. 고령인구 비율의 산식을 쓰시오.

160 고령화사회, 고령사회, 초고령사회의 개념을 서술하시오.

161 다음은 인구구조에 대한 설명이다. ㉠, ㉡, ㉢의 빈칸을 채우시오.

- 피라미드형 0~14세 인구가 50세 이상 인구의 (㉠)이므로, 인구증가형이다.
- 종형은 0~14세 인구가 50세 이상 인구의 (㉡)이므로, 인구정지형이다.
- 항아리형은 0~14세 인구가 50세 이상 인구의 (㉢)이므로, 인구감소형이다.

162 다음은 지역특성에 따른 인구구조 유형이다. 별형과 호리병 인구구조의 개념을 서술하시오.

163 집단검진의 개념을 서술하시오.

164 집단검진의 목적 4가지를 서술하시오.

165 집단검진의 효율성을 위한 조건(=집단검진을 위한 구비조건)을 5가지 이상 쓰시오.

166 타당도와 신뢰도의 개념을 서술하시오.

167 신뢰도 저하 요인으로 '생물학적 변동(검사 대상자 내 변이)에 따른 오차'에 대해 정의하고, 오차를 줄이기 위한 방법을 제시하시오.

168 신뢰도 저하 요인으로 '관측자 내 오차'에 대해 정의하고, 오차를 줄이기 위한 방법을 제시하시오.

169 신뢰도 저하 요인으로 '관측자 간 오차'에 대해 정의하고, 오차를 줄이기 위한 방법을 제시하시오.

170 양성예측도 산식을 쓰고, 개념을 설명하시오.

171 음성예측도 산식을 쓰고, 개념을 설명하시오.

172 민감도의 산식을 쓰고, 개념을 설명하시오.

173 특이도의 산식을 쓰고, 개념을 설명하시오.

174 위양성률의 산식을 쓰고, 개념을 쓰시오.

175 위음성률의 산식을 쓰고, 개념을 쓰시오.

PART 07

가족간호

1 가족의 이해
2 가족간호

1 가족의 기능을 5가지 제시하시오.

2 가족간호의 대상을 보는 접근법으로 개인발달의 맥락으로서의 가족, 대상자로서의 가족, 체계로서의 가족, 사회의 구성요소로의 가족의 4가지 접근법이 있다. 개인발달의 맥락으로서의 가족, 대상자로서의 가족의 개념을 각각 서술하시오.

3 가족체계이론의 개념을 서술하시오.

4 다음은 가족체계이론의 특징(속성)이다. '경계성'과 '전체성'의 개념을 각각 서술하시오.

5 다음은 가족체계이론의 특징(속성)이다. '변화성'과 '순환성'의 개념을 각각 서술하시오.

6 가족체계이론의 특징(속성) '항상성'의 개념을 서술하시오.

7 가족체계이론의 장점 2가지, 단점 2가지를 제시하시오.

8 가족이론 중 상징적 상호작용이론에 대한 설명이다. 타 가족이론과 구별되는 상징적 상호작용이론의 특징을 서술하시오.

9 상징적 상호작용이론을 통해 가족을 사정하고자 한다. 사정영역 2가지를 제시하시오.

10 상징적 상호작용이론의 장점 2가지와 단점 1가지를 서술하시오.

11 상징적 상호작용이론의 주요개념에 대한 내용이다. 주요개념은 상징적 상호작용, ㉠ (   ), ㉡ 정체성, ㉢ (   )이다. ㉠, ㉢의 빈칸을 채우고, ㉠~㉢의 개념을 각각 서술하시오.

12 다음은 가족이론 중 구조-기능주의 이론에 대한 설명이다. 타 가족이론과 구별되는 구조-기능주의 이론의 특징을 서술하시오.

13 구조-기능주의 이론의 가족사정도구 2가지를 쓰시오.

14 구조-기능주의 이론은 가족기능과 ㉠ 가족구조를 통해 (㉡)이라는 가족의 목표를 이루기 위함이다. ㉠ 가족구조의 개념을 서술하고, ㉡의 빈칸을 채우시오.

15 구조-기능주의 이론의 장점과 단점을 각각 1가지씩 제시하시오.

16 다음은 가족발달이론에 대한 설명이다. 가족발달이론은 가족생활주기(발달단계)별 (㉠)과 (㉡)를 사정하는 이론이다. ㉠, ㉡의 빈칸을 채우시오.

17 다음은 듀발의 발단단계별 발달 과업에 대한 내용이다. ㉠~㉢의 발달단계별 '기간'을 제시하시오.

- ㉠ 양육기 가족, ㉡ 학령전기 가족, ㉢ 학령기 가족, ㉣ 청소년기 가족, ㉤ 진수기 가족, ㉥ 중년기 가족

18 가족발달이론에서 '양육기 가족'과 '청소년기 가족'의 대표적인 발달과업을 각각 2개 이상씩 제시하시오.

19 가족발달이론에서 '학령전기 가족'과 '학령기 가족'의 대표적인 발달과업을 각각 2개 이상씩 제시하시오.

20 듀발의 가족발달단계에서 '신혼기 가족'과 '진수기 가족'의 대표적인 발달과업을 각각 2개 이상씩 제시하시오.

21 WHO에서 제시한 가족의 형성과 생활주기의 변화에 따른 가족의 단계에 대한 내용이다. ㉠, ㉡, ㉢의 빈칸을 채우시오.

- 가족의 단계는 6단계로 가족형성기 – (㉠) – 확대완료기 – (㉡) – (㉢) – 가족해체기로 구분되어진다.

22 다음은 가족위기이론에 대한 설명이다. 가족이 겪게 되는 '위기'의 개념에 대해 서술하시오.

23 다음에서 설명하는 위기의 종류를 쓰시오.

- 'A씨는 40대 중반으로 갑작스런 폐암 진단을 받고, 암 치료를 위해 회사에 실직을 신청하였다'

24 다음에서 설명하는 위기의 종류를 쓰시오.

- '박씨는 60대로 최근 정년퇴직을 하였고, 남은 노후생활을 위해 가지고 있던 집을 처분하였다'

25 다음에서 설명하는 위기의 종류를 쓰시오.

- '김씨는 30대 후반 주부로, 첫 아이의 입학을 앞두고, 아이가 학교생활에 잘 적응할 수 있을까 최근 스트레스를 많이 받고 있다.'

26 다음은 위기의 5단계이다. ㉠~㉢ 빈칸을 채우고, ㉠~㉢ 단계의 개념에 대해 설명하시오.

- 위기는 충격 단계 – (㉠) – (㉡) – (㉢) – 적응변화단계의 변화과정을 가진다.

27 가족사정은 10가지의 원칙을 가지고 사정한다. 가족사정의 원칙 10가지를 서술하시오.

28 프리드만의 가족사정은 6가지 측면에서 가족을 사정한다. 6가지의 가족사정 영역을 쓰시오.

29 보건복지부에서는 가족사정지침을 9가지 영역의 가족사정지침을 제시하고 있다. 9가지 가족사정 영역을 서술하시오.

30 가족구조도(가계도)의 개념을 서술하시오.

31 가족구조도(가계도)가 다른 가족사정도구와 구별되는 특징을 쓰시오.

32 다음은 가족구조도의 상징기호이다. ㉠~㉢의 각 상징기호의 의미를 쓰시오.

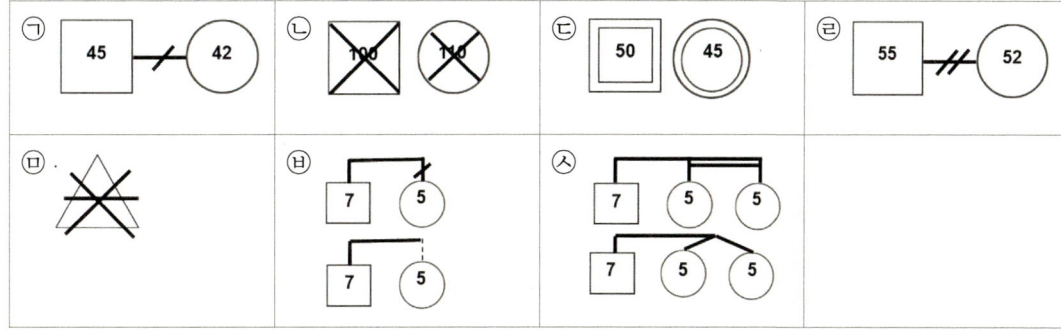

33 다음은 가족밀착도의 상징기호이다. ㉠~㉢의 각 상징기호의 의미를 쓰시오.

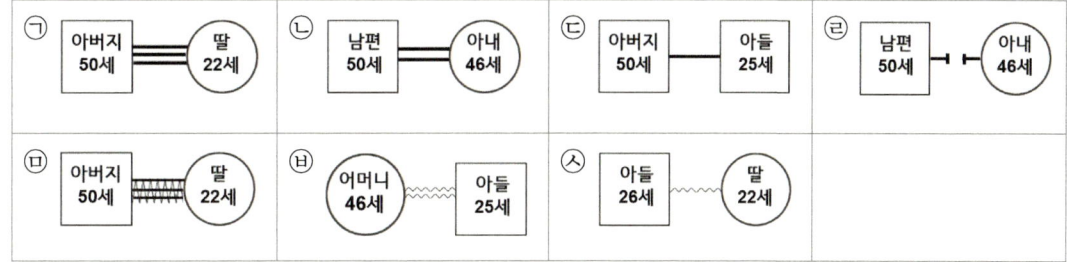

34 가족사정도구인 '가족밀착도'의 개념을 서술하시오.

35 '가족밀착도'가 다른 가족사정도구와 구별되는 특징을 쓰시오.

36 가족사정도구인 '외부체계도'의 개념을 서술하시오.

37 다음은 외부체계도의 상징기호이다. ㉠, ㉡, ㉢의 각 상징기호의 의미를 쓰시오.

| ㉠ ──── | ㉡ ········ | ㉢ ┼┼┼┼┼ |

38 다음은 외부체계도의 도식방법에 대한 내용이다. ㉠, ㉡의 빈칸을 채우시오.

'외부체계도의 중심원은 (㉠)이며, 중심원의 바깥쪽은 (㉡)으로 작은원으로 표시한다.'

39 가족사정도구인 '사회지지도'의 개념을 서술하시오.

40 사회지지도는 5개의 원으로 구성된다. ㉠~㉤의 빈칸을 채우시오.

- 한 가운데 원에는 (㉠)을 표시하며, 두 번째 원에는 (㉡)을 표시하며, 세 번째 원에는 (㉢)을 표시하고, 네 번째 원에는 (㉣)을 표시하고, 다섯 번째 원에는 (㉤)을 표시한다.

41 다음은 사회지지도의 상징기호에 대한 내용이다. ㉠, ㉡의 각 상징기호의 의미를 쓰시오.

| ㉠ ──── | ㉡ ═══ |

42 가족사정도구인 사회지지도의 '지지관계가 약함'의 상징기호를 쓰시오.

43 가족기능평가도구인 'APGAR'의 평가 항목 5가지를 모두 쓰시오.

44 가족기능평가도구인 'APGAR'로 가족기능을 평가한 후 점수판정에 대한 내용이다. ㉠, ㉡의 점수를 제시하시오.

- ㉠ '문제가 있는 가족기능'의 점수와 ㉡ '좋은 가족 기능의 점수'를 제시하시오.

45 가족사정도구인 '가족연대기'의 개념을 서술하시오.

46 가족사정도구인 '가족생활사건'의 개념을 서술하시오.

47 다음은 가족사정도구인 '가족생활사건'에 대한 내용이다. 가족생활사건을 측정하는 도구로 가장 보편적으로 사용하는 것은 (㉠)을 이용한 사회재적응률 척도이다. ㉠의 빈칸을 채우고, ㉠의 개념을 서술하시오.

48 가족생활사건으로 보편적으로 사용하는 '생의 변화 질문지'를 사용하는 목적을 쓰시오.

49 가족간호 중재의 방법 중 '예측적 안내'의 개념을 서술하시오.

50 '예측적 안내'를 통해 가족을 중재하는 목적을 쓰시오.

51 가족간호 중재의 방법 중 '사례 연구'의 개념을 서술하시오.

52 '사례 연구'를 통해 가족을 중재 시 효과를 쓰시오.

53 다음에서 설명하는 취약가족의 분류를 쓰시오.

• '만성질환자 가족, 극빈 가족, 장애인 가족 등'

54 다음에서 설명하는 취약가족의 분류를 쓰시오.

• '비행청소년 가족, 학대 부모가족, 폭력 가족 등'

55 다음에서 설명하는 취약가족의 종류를 쓰시오.

• '새싹 가족, 조손 가족, 한부모가족, 이혼 가족 등'

56 취약가족들이 공통적으로 갖고 있는 문제를 6가지 서술하시오.

57 취약위기상황의 특성 2가지만 쓰시오.

PART 08

국제간호 및 문화적 다양성

1 국제간호
2 건강형평성 정의와 정책
3 다문화 가족

1 건강성 보장 평가에 이용되는 4가지 지표를 서술하시오.

2 건강형평성의 개념을 쓰시오.

3 지역사회 간호사는 문화적 역량을 가지고, 다문화 가족을 간호한다. 5가지 문화적 역량은 문화적 지식, 문화적 기술, 문화적 경험, ㉠ 문화적 인식, ㉡ 문화적 민감성이다. ㉠, ㉡의 개념을 서술하시오.

PART 09

산업간호

1 산업보건의 이해
2 근로자 건강진단
3 산업재해와 재해보상
4 작업환경관리
5 직업병

1 다음에서 설명하는 산업보건 조직을 쓰시오.

- '산업재해예방기술의 연구, 개발과 보급, 산업안전보건 기술지도 및 교육, 안전·보건진단, 산업안전보건의 자료 수집 및 발간 등의 업무를 수행함'

2 산업간호의 목표를 3가지만 쓰시오.

3 다음에서 설명하는 산업사업장 내 인력을 쓰시오.

- '위험성평가에 관한 보좌 및 지도·조언, 물질안전보건자료의 게시 또는 비치에 관한 보좌 및 지도·조언, 해당 사업장 보건교육계획의 수립 및 보건교육 실시에 관한 보좌 및 지도·조언, 해당 사업장의 근로자를 보호하기 위한 의료행위, 사업장 순회점검, 지도 및 조치 건의, 산업재해 발생의 원인 조사·분석 및 재발 방지를 위한 기술적 보좌 및 지도·조언 등'

4 다음은 근로자 일반건강진단에 대한 설명이다. ㉠~㉢의 빈칸을 채우시오.

- '일반건강진단은 사무직은 (㉠)년에 1회, 그밖의 근로자는 (㉡)년에 1회 실시하며, 실시 대상자는 (㉢)이다.'

5 근로자 일반건강진단의 검사항목에 대한 설명이다. ㉠~㉢의 빈칸을 채우시오.

1) 과거병력, 작업경력 및 자각·타각증상 (시진·촉진·청진 및 문진)
2) 혈압·혈당·(㉠) 및 (㉡)
3) 체중·시력 및 청력
4) (㉢)
5) (AST(SGOT) 및 ALT(SGPT)), γ-GTP 및 총콜레스테롤

6 '배치전 건강진단'의 실시 목적과 실시대상을 서술하시오.

7 '배치전 건강진단'의 실시시기를 쓰시오.

8 '특수 건강진단'의 실시 주기와 실시 대상을 쓰시오.

9 다음은 일반건강진단 중 일반건강진단 혈당·총콜레스테롤 및 γ-GTP 검사에 대한 설명이다. ㉠~㉤의 빈칸을 채우시오.

검사항목	실시대상 근로자
혈당검사	직전 일반건강진단에서 (㉠) 판정을 받은 자
총콜레스테롤검사	가. 직전 일반건강진단에서 (㉡)판정을 받은 자 나. 일반건강진단 시 실시한 혈압측정에서 수축기 또는 이완기 혈압이 각각 (㉢)mmHg 또는 (㉣)mmHg 이상 초과한 자
γ-GTP 검사	(㉤)세 이상인 자

10 수시 건강진단의 목적을 서술하시오.

11 수시 건강진단을 실시하는 시기를 쓰시오.

12 수시 건강진단의 실시대상은 특수건강진단 대상업무로 인하여 해당 유해인자로 인한 것으로 의심되는 (㉠), (㉡), 그 밖에 건강장애 증상을 보이거나 의학적 소견이 있는 근로자이다. ㉠, ㉡의 빈칸을 채우시오.

13 임시 건강진단의 실시 주기를 쓰시오.

14 임시 건강진단의 실시 목적을 서술하시오.

15 다음은 임시 건강진단의 실시 대상에 대한 설명이다. ㉠~㉢의 빈칸을 채우시오.

① 같은 부서에 근무하는 근로자 또는 같은 유해인자에 노출되는 근로자에게 유사한 질병의
(㉠)이 발생한 경우
② (㉡)가 발생하거나 (㉢)이 발생할 우려가 있는 경우
③ 그 밖에 지방고용노동관서의 장이 필요하다고 판단하는 경우

16 다음은 근로자 건강진단 구분판정에 대한 내용이다. C1, CN, D2, R에 대해 쓰시오.

17 근로자 건강진단 수행 후 '업무수행 적합 여부 판정'에 대한 내용이다. '나, 다' 의미를 서술하시오.

18 근로자 건강진단 결과보고와 서류보존에 대한 내용이다. ㉠~㉢의 빈칸을 채우시오.

- 건강진단기관은 건강진단을 실시한 날부터 (㉠)일 이내에 다음 각 호의 구분에 따라 건강진단 결과표를 사업주에게 송부해야 한다.
- 작업환경측정 결과를 기록한 서류는 보존(전자적 방법으로 하는 보존을 포함)기간을 (㉡)년으로 한다. 다만, 고용노동부장관이 정하여 고시하는 물질에 대한 기록이 포함된 서류는 그 보존기간을 (㉢)년으로 한다.

19 다음은 산업재해 및 중대재해에 대한 정의이다. ㉠~㉢의 빈칸을 채우고, 밑줄친 ㉣에 해당하는 재해를 쓰시오.

- "산업재해"란 노무를 제공하는 사람이 업무에 관계되는 건설물·설비·원재료·가스·증기·분진 등에 의하거나 작업 또는 그 밖의 업무로 인하여 (㉠) 또는 (㉡)하거나 (㉢)을 말한다.
- "중대재해"란 산업재해 중 사망 등 재해 정도가 심하거나 다수의 재해자가 발생한 경우로서 ㉣ 고용노동부령으로 정하는 재해를 말한다.

20 산업재해를 예방대책으로 하인리히의 법칙(Heinrich's law)이 있다. 하이리히의 법칙의 개념에 대해 서술하시오.

21 재해사고의 발생(하이리히 도미노이론)은 5단계로 이루어진다. 1~5단계를 서술하시오.

22 다음은 산업재해 지표이다. ㉠~㉤의 빈칸을 채우시오.

- 재해율 = $\dfrac{재해자수}{㉠} \times 100\ (1{,}000)$

- 도수율 = $\dfrac{재해건수}{㉡} \times 1{,}000{,}000$

- 강도율 = $\dfrac{㉣}{㉢} \times 1{,}000$

- 건수율 = $\dfrac{재해건수}{㉤} \times 1{,}000$

23 산업재해 지표 중 평균 작업손실일수의 산식을 적으시오.

24 다음은 산업재해 지표 중 작업동태 지표이다. ㉠~㉣의 빈칸을 채우시오.

- 결근도수율 = $\dfrac{㉠}{\text{평균 근로자수}} \times 100$
- 결근일수율 = $\dfrac{㉡}{\text{평균 근로자수}} \times 100$
- 결근손실율 = $\dfrac{㉢}{\text{평균 근로자수}} \times 100$
- 결근손실 시간율 = $\dfrac{\text{총 결근시간}}{㉣} \times 100$

25 다음은 산업재해보상 보험급여에 대한 내용이다. ㉠~㉤의 빈칸을 채우시오.

1) 요양급여는 근로자가 업무상의 사유로 부상을 당하거나 질병에 걸린 경우에 근로자에게 지급함
   부상 또는 질병이 (㉠)일 이내이면 지급하지 않음
2) 휴업급여는 업무상 사유로 부상을 당하거나 질병에 걸린 근로자에게 요양으로 취업하지 못한 기간에 대하여 지급함
   1일당 지급액은 평균임금의 (㉡)에 해당하는 금액으로 함
3) 유족급여는 근로자가 업무상의 사유로 사망한 경우에 (㉢)이나 (㉣)으로 유족에게 지급함
4) 장례비는 근로자가 업무상의 사유로 사망한 경우에 지급하되, 평균임금의 (㉤)일분에 상당하는 금액을 그 장례를 지낸 유족에게 지급함

26 산업재해보상 보험급여 중 '상병보상연금'에 대해 설명하시오.

27 직업환경 및 노출관리의 3대 원칙을 쓰시오.

28 작업 환경개선 4대 원칙을 쓰시오.

29 작업환경관리 중 '대치'의 개념을 서술하시오.

30 작업환경관리 중 '격리'의 개념을 서술하시오.

31 다음은 작업환경의 행정적 관리다. 3대 행정적 관리를 쓰시오.

32 다음에서 설명하는 개념의 명칭을 쓰시오.

- '화학물질 또는 화학물질 혼합물로 분류기준에 해당하는 것으로 명칭, 함유량, 위험성, 안전한 취급방법 등과 같은 화학물질에 대한 안전정보(16개 항목)를 제공하는 문서임'

33 근로자가 보기 쉬운 장소에 물질안전보건자료(MDSD)를 게시할시에 포함되어야 할 항목 5가지를 쓰시오.

34 유해물질 노출기준 중 '시간가중 평균노출기준'의 개념을 정의하시오.

35 유해물질 노출기준 중 '단시간 노출기준'의 개념을 서술하시오.

36 유해물질 노출기준 중 '최고 노출기준(천정치)'의 개념을 서술하시오.

37 유해물질의 체내 독성에 영향을 미치는 요인 4가지를 쓰시오.

38 다음은 소음에 관련된 내용이다. ㉠~㉣의 빈칸을 채우시오.

- 소음의 노출기준은 8시간 기준 (㉠)dB, 1시간 기준 (㉡)dB이며, (㉢)dB를 초과하는 소음수준에 노출되서는 안된다.
- 소음작업이란 1일 8시간 작업을 기준으로 (㉣)dB(A) 이상의 소음이 발생하는 작업임

39 다음은 산업재해보상보험법에 따른 소음성 난청 인정기준이다. 빈칸을 채우시오.

- '연속으로 (㉠)dB(A) 이상의 소음에 (㉡)년 이상 노출되어 한 귀의 청력손실이 (㉢)dB(A) 이상으로, 감각신경성 난청인 경우'

40 소음으로 생기는 감각신경성 난청의 개념을 정의하시오.

41 국소진동으로 발생하는 레이노 현상에 대해 서술하시오.

42 국소진동의 신체 영향 3가지를 쓰시오.

43 이상기압에서 발생하는 감압병(잠함병)의 개념에 대해 서술하시오.

44 감압병(잠함병)의 주요증상을 모두 쓰시오.

45 감압병(잠함병)의 치료방법을 2가지만 쓰시오.

46 고산병(항공병)의 주요 증상을 쓰시오.

47 진폐증의 개념을 서술하시오.

48 석면증의 합병증 2가지와 규폐증의 합병증 1가지만 쓰시오.

49 진폐증의 대표적인 조직반응 증상 1가지만 쓰시오.

50 전리방사선의 '세슘'의 신체 영향을 3가지 이상 쓰시오.

51 '급성 방사선 증후군' 개념을 설명하시오.

52 급성 방사선 증후군 발생의 3단계를 쓰시오.

53 방사선으로 인한 손상영향 요인 6가지를 쓰시오.

54 급성 방사선 증후군의 3대 증후군에 대해 서술하시오.

55 방사선 노출 예방대책을 모두 쓰시오.

56 자외선에 과다하게 노출되었을 때 신체에 미치는 영향에 대해 서술하시오.

57 적외선에 과다하게 노출되었을 때 신체에 미치는 영향에 대해 서술하시오.

58 가시광선이 건강에 유해할 때는 ㉠ 조명불량과 ㉡ 조명과잉이 원인이다. 밑줄친 ㉠, ㉡이 신체에 미치는 영향에 대해 각각 서술하시오.

59 가시광선으로 인한 피해를 최소화하기 위한 예방대책을 쓰시오.

60 고주파(라디오파, 방송파)로 발생할 수 있는 건강문제에 대해 쓰시오.

61 극저주파(전자파)로 발생할 수 있는 건강문제에 대해 쓰시오.

62 납 중독의 대표적인 4대증상과 5대 증상을 쓰시오.

63 납 중독으로 인한 빈혈의 특징 3가지만 쓰시오.

64 납 중독으로 인한 '연연(Burtin's gum line)'의 증상을 쓰시오.

65 납중독 치료를 위한 킬레이션 요법에 대해 서술하시오.

66 수은중독의 3대 증상을 쓰시오.

67 다음은 수은 급성중독 시 응급처치이다. ㉠~㉢의 빈칸을 채우시오.

- (㉠)와 (㉡)는 수은과 단백질을 결합시켜 침전 시킴
- (㉢)을 근육주사하여 수은의 소변배설을 촉진함

68 다음의 사례는 어떤 중금속 사례인지 쓰시오.

- 일본에서 어패류에 축적되어 있던 중금속을 먹고, 걸린 병으로 미나마타병이라고 불리움

69 다음은 카드뮴 중독에 대한 설명이다. ㉠~㉢의 빈칸을 채우시오.

- 일본의 중독사례로 (㉠)병으로 불리며, 특징적인 증상은 근골격계의 (㉡)이며, 신장계는 (㉢) 증상이 나타난다.

70 다음에서 설명하는 중금속을 쓰시오.

- 염색공장, 인쇄잉크, 유리나 도자기의 유약등에 주로 사용되며, 급성증상으로 과뇨증, 무뇨증, 요독증 증상이 있으며, 만성중독으로 비중격 궤양 및 비중격 천공, 결막염, 결막의 궤양, 자국성 및 알레르기성 피부염, 피부궤양, 폐렴, 폐암의 증상을 보임

71 다음은 크롬 중독에 대한 설명이다. ㉠, ㉡의 빈칸을 채우시오.

- 크롬중독시 (㉠)와 환원제로 (㉡)을 주어 응급 조치함

72 다음에서 설명하는 중금속을 쓰시오.

- 우주항공산업, 원자력산업 종사자, 형광등, 네온사인, 음극선 제조시 발생하며, 급성증상으로 호흡기 증상으로 인후염, 기관지염, 모세기관지염, 폐부종 등이 발생하며, 1군 발암물질로 폐암이 발생하며, 피부, 간장, 비장, 신장, 림프절 등에 만성증상이 나타남

73 다음에서 설명하는 중금속을 쓰시오.

- 도금작업 시 흔하며, 비중격 천공, 접촉성 피부염, 폐암이 발생함

74 다음에서 설명하는 중금속을 쓰시오.

- 합금 및 유리 제조, 색소 제조, 도자기 등에 사용되며, 금속열 증상이 나타나며, 호흡곤란, 화학적 폐렴이 발생하며, 만성 노출시 파킨슨 유사증후군, 근긴장 항진 및 운동실조가 발생함

75 다음에서 설명하는 중금속을 쓰시오.

- 중금속 중 가장 발암성이 큰 중금속으로 1군 발암물질임. 다양한 암이 발생하나 특히 폐암과 피부암이 발생하며, 소화기 증상으로 시작하여, 피부반점 등이 발생하며, 복통, 황달, 빈뇨 등이 발생함

76 다음은 VDT 증후군에 대한 정의이다. ㉠~㉢의 빈칸을 채우시오.

- 영상표시단말기 작업으로 인한 관련 증상은 영상 표시단말기를 취급하는 작업으로 인하여 발생하는 (㉠) 및 기타 근골격계 증상, 눈의 피로, (㉡) 증상, (㉢) 증상 등임

77 VDT 증후군 중 '경견완증후군'에 대해 서술하시오.

78 VDT 증후군의 눈 장애 중 '안정피로'에 대해 서술하시오.

79 VDT 증후군의 눈 장애 중 '폭주부전'에 대해 쓰시오.

80 다음은 VDT 증후군을 예방하기 위한 작업자세이다. ㉠~㉢의 빈칸을 채우시오.

- 작업자의 자세는 수평선상으로부터 아래로 (㉠)° 이내일 것
- 눈으로부터 화면까지의 시거리는 (㉡)cm 이상을 유지할 것
- 윗팔은 자연스럽게 늘어뜨리고, 작업자의 어깨가 들리지 말아야 하며, 팔꿈치의 내각은 (㉢)도 이상이 되어야 함
- 아래팔은 손등과 (㉣) 유지하여, 손목이 꺾이지 않도록 할 것
- 무릎의 내각은 (㉤)° 전후가 될 것

81 다음은 VDT 증후군을 예방하기 위한 작업기기 및 작업환경관리 조건이이다. ㉠~㉣의 빈칸을 채우시오.

- 키보드의 경사는 (㉠)이상 (㉡)이하, 두께는 (㉢)cm 이하로 할 것
- 영상표시단말기 화면은 단색화면일 경우는 색상은 어두운 배경에 밝은 (㉣) 또는 (㉤)문자를 사용하고, 적색 또는 청색의 문자는 가급적 사용하지 않을 것
- 조도는 화면의 바탕색상이 검정색 계통일 때 (㉥)Lux 이상 (㉦)Lux 이하, 화면의 바탕색상이 흰색 계통일 때 (㉧)Lux 이상 (㉨)Lux 이하을 유지하도록 할 것

82 다음은 VDT 증후군을 예방하기 위한 온도 및 습도 관리이다. ㉠~㉣의 빈칸을 채우시오.

- 작업실 안의 온도를 (㉠)도 이상 (㉡)이하, 습도는 (㉢)퍼센트 이상 (㉣)이하를 유지하여야 함

PART 10

환경보건

1 환경영향평가와 건강영향평가
2 환경보건을 위한 주요 국제협약
3 기후
4 공기와 건강
5 물과 건강
6 환경호르몬(내분비계 교란물질, 내분비계 장애물질)
7 실내공기 오염관리 및 오염물질
8 대기오염과 오염물질
9 대기오염과 기상
10 폐기물과 건강

1 다음에서 설명하는 개념을 쓰시오.

- 환경에 영향을 미치는 실시계획·시행계획 등의 허가·승인·면허 또는 결정 등을 할때에 해당 사업이 환경에 미치는 영향을 미리 조사·예측·평가하여 해로운 환경영향을 피하거나 제거 또는 감소시킬수 있는 방안을 마련하는 것임

2 다음은 환경보건을 위한 주요 국제협약이다. 서로 알맞은 것끼리 짝짓기 하시오.

⟨ 협약 ⟩
㉠ 비젤협약   ㉡ 몬트리올 의정서   ㉢ 키갈리 개정서   ㉣ 기후변화방지협약(라우회의)
㉤ 런던협약   ㉥ 람사협약   ㉦ 교토의정서   ㉧ 나고야 의정서
㉨ 파리협약(신기후체제)

⟨ 내용 ⟩
ⓐ 지구평균온도 상승폭을 산업화 이전과 비교하여 1.5℃까지 제한, 국가별 온실 감축량은 자발적 감축 목표를 그대로 인정하되 2020년부터 5년마다 생성된 목표 제출
ⓑ 습지의 보호와 지속 가능한 이용에 관한 협약
ⓒ 오존층 파괴 물질인 염화불화탄소 등 프레온가스의 생산과 사용을 규제하는 협약
ⓓ 지구온난화를 일으키는 온실가스(탄산가스, 메탄, 이산화질소, 염화불화탄소 등) 배출량을 억제하기 위한 협약
ⓔ 폐기물의 해양투기로 인한 해양오염방지를 위한 협약
ⓕ 유해 폐기물의 수출입과 그 처리를 규제하는 협약
ⓖ 기존 오존층파괴물질 외에 강력한 지구온난화물질인 수소불화탄소(HFC)까지 감축하고자 하는 내용
ⓗ 유전자원의 접근 및 이익공유에 대한 국제적인 강제 이행사항을 규정하고 있는 의정서
ⓘ 기후변화 방지협약에 따른 온실가스 감축목표에 관한 의정서로 선진국의 온실가스 감축 목표치 규정

3 환경보건의 인식부족으로 발생하는 '님비현상'과 '핌비현상'의 개념을 쓰시오.

4 기후의 3요소를 쓰시오.

5 온열요소의 4요소를 쓰시오.

6 습구온도의 정의를 쓰시오.

7 보건학적으로 실내 표준온도(쾌적온도)를 쓰시오.

8 상대습도(%)의 개념을 쓰시오.

9 불감기류의 정의를 쓰시오.

10 쾌감대의 정의를 쓰고, 쾌감대의 온도와 습도를 쓰시오.

11 다음은 감각온도(체감온도)에 대한 설명이다. ㉠~㉣의 빈칸을 채우시오.

- 쾌감온도는 (㉠), (㉡), (㉢)가 종합적으로 인체에 작용하여 얻어지는 감각온도임
- (㉣), 무풍상태에서 동일한 온감을 주는 기온임

12 다음은 불쾌지수에 대한 설명이다. ㉠, ㉡빈칸을 채우시오.

- 불쾌지수는 기후상태로 인해 인간이 느끼는 불쾌감을 나타내는 지수로 (㉠)과 (㉡)의 영향에 의한 것임

13 다음의 불쾌지수를 구하고, 불쾌지수를 느끼는 정도를 쓰시오.

- 건구온도 28℃, 습구온도 22℃, 기류 1.5m/sec 일때의 불쾌지수는 ?

14 카타냉각력의 정의를 쓰시오.

15 지적온도란 체온조절에 가정 적절한 온도이다. 주관적 지적온도와 생산적 지적온도의 정의를 각각 쓰시오.

16 다음은 폭염주의보와 폭염경보에 대한 설명이다. ㉠~㉣의 빈칸을 채우시오.

- 폭염주의보는 일 최고 체감온도 (㉠)℃ 이상인 상태가 (㉡)일 이상 예상될 때임
- 폭염경보는 일 최고체감온도 (㉢)℃ 이상인 상태가 (㉣)일 이상 예상될 때임

17 다음은 이산화탄소에 대한 내용이다. ㉠~㉣의 빈칸을 채우시오.

- 이산화탄소는 (㉠)의 오염지표이며, 실내 공기질 유지기준은 (㉡)ppm임
- 공기중의 CO_2 농도가 (㉢)% 이상이면 불쾌감이 오고, (㉣)%이상에서 호흡곤란, (10)% 이상에서는 의식을 상실하고 사망함

18 다음의 물의 정수법에 대한 내용이다. '침전'과 '폭기'의 개념을 쓰시오.

19 다음의 물의 정수법에 대한 내용이다. 다음에서 설명하는 개념을 쓰시오.

- 물이 모래판 내를 천천히 흘러감에 따라 불순물이 모래알 사이의 작은 틈 사이에 침전되어 제거되게 하는 원리임
- 보통침전법으로 침진시킨 후 여과지로 보내는 방법으로 여과지의 상층은 작은 모래, 아래층은 큰 돌을 사용하여 물을 통과시키면 불순물이 제거됨
- 탁소, 세균 등은 완전히 걸러지고 불순물(철, 망간, 암모니아 등)도 제거됨

20 염소소독의 단점 2가지만 쓰시오.

21 오존소독의 장점 4가지와 단점 2가지를 쓰시오.

22 염소소독시 불연속점 이상 처리해야 하는 이유를 쓰시오.

23 부활현상의 개념을 쓰고, 부활현상이 발생하는 원인 3가지를 쓰시오.

24 다음은 먹는 물 수질검사 기준이다. ㉠~㉣의 빈칸을 채우시오.

- 일반세균 : (㉠) CFU 이하/ml
- 총대장균군 : (㉡)/100ml
- 분원성 대장균군 : (㉢)/100ml
- 분원성 연쇄상구균 : (㉣)/250ml
- 살모넬라 : (㉤)/250ml
- 여시니아균 : (㉥)/2L
- 과망간산칼륨 소비량 : (㉦)mg/L
- 색도 : (㉧)도
- 세제(음이온계면활성제) : (㉨)mg/L
- 수소이온 농도 : (㉩)이상 (㉪) 이하
- 염소이온 : (㉫)mg/L
- 탁도 : (㉬)NTU

25 다음은 먹는 물 수질검사 기준이다. ㉠~㉺의 빈칸을 채우시오.

- 유리잔류염소 : (㉠)mg/L
- 총트리할로메탄 : (㉡)mg/L
- 페놀 : (㉢)mg/L
- 암모니아성 질소 : (㉣)mg/L
- 질산성 질소 : (㉤)mg/L
- 납 : (㉥)mg/L
- 동 : (㉦)
- 아연 : (㉧)mg/L
- 망간 : (㉨)mg/L
- 철 : (㉩)mg/L

26 수질오염의 현상인 '부영영화'의 개념을 서술하시오.

27 수질오염의 현상인 '적조현상'의 개념을 서술하시오.

28 수질오염의 현상인 '녹조현상'의 개념을 서술하시오.

29 수질오염지표인 용존산소(DO)의 개념을 쓰고, ㉠, ㉡의 빈칸을 채우시오.

• 용존산소(DO)는 (㉠)가 낮을수록, 기압이 높을수록, (㉡)이 높을수록 증가함

30 수질오염지표인 생화학적 산소요구량 (BOD)의 개념을 정의하시오.

31 화학적 산소요구량 (COD)의 개념을 쓰고, 수질오염 중 어떤 오염도를 알기위해 측정하는지 쓰시오.

32 수질에서 암모니아성 질소가 검출되었다는 것은 어떤 의미인지 쓰시오.

33 수질에서 질산성 질소가 검출되었다는 것은 어떤 의미인지 쓰시오.

34 수질에서 과망간산칼륨이 검출되었다는 것은 어떤 의미인지 쓰시오.

35 수질에서 대장균이 검출되었다는 것은 어떤 의미인지 쓰시오.

36 수질에서 대장균군의 검출방법으로 최적화수가 방법을 이용한다. 최확수가 10이다는 것이 어떤 의미인지 쓰시오.

37 수질에서 대장균군의 검출방법으로 대장균지수 방법을 이용한다. 대장균 지수의 개념을 쓰고, 200ml에서 처음 대장균이 발견되었을 때, 대장균 지수(coli index) 값을 쓰시오.

38 수질오염을 측정하기 위해 생물학적 오염도(BIP)를 측정한다. 생물학적 오염도의 개념을 쓰시오.

39 수질오염을 측정하기 위해 반수치사 농도(LC 50)을 측정한다. 반수치사 농도의 개념을 쓰시오.

40 밀-레인케 현상(Mill-Reinke)에 대해 설명하시오.

41 다음에서 설명하는 하수처리의 혐기성 처리방법을 쓰시오.

- 단순한 탱크에 하수를 넣으면 하수 중의 가벼운 물질이 떠올라 공기를 차단하므로, 부패조 내에 산소가 결핍하여 혐기성 균에 의한 부패가 일어나며, 가스 발생으로 인한 악취가 남

42 다음에서 설명하는 하수처리의 혐기성 처리방법을 쓰시오.

- 부패조의 결점을 보완하여 고안한 형태로, 침전실과 부패실로 분리하여 상하 2개의 방으로 부패실에서 냄새가 역류하여 밖으로 나오지 않도록 고안함

43 하수처리의 호기성 처리방법 중 '활성오니법'에 대해 설명하시오.

44 하수처리의 호기성 처리방법 중 '살수여상법'에 대해 설명하시오.

45 하수처리의 고도처리(3차 처리)의 개념을 쓰시오.

46 환경호르몬(내분비계 교란물질, 내분비계 장애물질)의 개념을 쓰시오.

47 다음은 환경호르몬의 종류이다. ㉠~㉦에서 설명하는 환경호르몬 종류를 각각 쓰시오.

㉠ 태운 음식, 자동차 배스가스, 난로 연소시 가스 및 담배연기에서 발생하며 각종 암을 유발함
㉡ 전기절연체(자동차의 자동변속기, 변압기 등), 기타(도료, 각종 테이프, 인쇄잉크) 등에서 발생하며, 암발생, 간기능장애, 피부염, 기형아출산 등을 유발함
㉢ 합성세제나 섬유유연제 등 세정제의 계면활성제 성분임
㉣ 딱딱한 플라스틱을 부드럽게 하기 위해 첨가하는 물질로 폴리염화비닐(PVC)의 가소제로 어린이 장남감, 플라스틱 용기, 화장품 용기등에 많이 사용함
㉤ 캔 내부 코팅제, 플라스틱 제품의 유아용 젖병 및 물병류, 종이영수증 등에 함유되어 있음
㉥ 컵라면 용기 등 식품용기의 스티로폼 성분임
㉦ 화장품, 식품첨가물, 의약품의 방부제, 식품처가물(액상 캡사이신 소스, 간장 등)등에 많이 사용됨

48 환경호르몬이 '여성'과 '아동'의 신체에 미치는 영향을 각각 쓰시오.

49 실내공기 오염으로 발생하는 '빌딩증후군'의 정의를 쓰시오.

50 '새집증후군'의 개념을 쓰고, 발생원인 물질 1가지만 쓰시오.

51 '헌집증후군'으로 발생할 수 있는 오염물질을 모두 쓰시오.

52 '군집독'의 개념을 쓰고, 군집독 예방 방법을 쓰시오.

53 다음에서 설명하는 실내공기 오염물질을 쓰시오.

- 담배에 이어 제 2의 폐암 발암물질이며, 건물하층부(1층, 지하, 지하철)의 갈라진 틈, 벽사이의 공간, 건물 배관로를 통해 실내로 유입, 밀폐된 공간에서 더 자주 발생함

54 온실가스의 개념을 쓰시오.

55 6가지 온실가스의 종류를 쓰시오.

56 대기환경기준에서 정한 대기오염물질 8가지를 모두 쓰시오.

57 대기오염물질인 아황산가스(SO_2)의 24시간 평균치 기준을 쓰시오.

58 대기오염물질인 일산화탄소(CO)의 1시간 평균치와 8시간 평균치 기준을 쓰시오.

59 대기오염물질인 이산화질소(NO_2)의 1시간 평균치 기준을 쓰시오.

60 미세먼지(PM-10), 초미세먼지(PM-2.5)의 24시간 평균치 기준을 각각 쓰시오.

61 대기오염물질인 오존의 1시간 평균치와 8시간 평균치 기준을 쓰시오.

62 다음에서 설명하는 가스상 대기오염물질을 쓰시오.

- 공기보다 무겁기 때문에 공장지대나 대도시에서는 지표에 가까운 공기층에 체류하여 대기를 오염시키는 원인가스로 분진, 매연과 더불어 대기오염의 지표임
- 무색, 자극성 기체로, 런던스모그의 주범이며, 산성비의 원인임

63 다음에서 설명하는 가스상 대기오염물질을 쓰시오.

- 메트헤모글로빈혈증의 원인물질이며, LA 스모그의 주범임
- 태양의 자외선에 의해 광화학반응을 일으켜 오존(O_3), 알데히드, PAN 등 광화학 산화성 물질(oxidant)을 생성함
- 눈에 자극을 주며, 기관지염, 폐렴, 폐암의 원인이 되기도 함

64 카복시헤모글로빈혈증을 발생하는 대기오염물질을 쓰고, 카복시헤모글로빈혈증에 대해 설명하시오.

65 다음에서 설명하는 가스상 대기오염물질을 쓰시오.

- 자동차 배기가스에 의해 발생하며, 특히 가솔린을 사용하는 자동차에서 감속과 느린속도에서 다량 발생함
- 주방 조리시, 난방기구 및 보일러 난방, 그릴, 벽난로, 가스레인지의 불완전 연소 시 발생함
- 탄소가 포함되어있는 화석연료가 불완전 연소될 때 발생하는 가스로 무색, 무취, 무미, 비자극성의 가스임

66 다음에서 설명하는 가스상 대기오염물질을 쓰시오.

- 대기 중으로 쉽게 증발되는 액체 또는 기체상 유기화합물(탄화수소화합물)을 총칭으로, 악취를 유발함
- 유기용제를 다루는 과정이나, 자동차 배기가스, 주유소에서 연료를 넣을 때 발생함
- 오존층 파괴, 지구 온난화 유발물질, 직접적인 발암물질임

67 다음에서 설명하는 스모그를 쓰시오.

- 아황산가스와 일산화탄소 등에 의한 대기오염으로 심한 농무와 기온역전(방사선)에 의한 스모그 발생으로 호흡기계 및 심혈관질환으로 사망함

68 다음에서 설명하는 스모그를 쓰시오.

- 자동차배스가스(질소산화물), 오존 등에 의해 발생하며, 눈의 자극이 심함

69 대기오염물질인 오존이 발생하는 기상조건에 대한 설명이다. ㉠~㉤빈칸을 채우시오.

- 오존은 기온이 (㉠)때, 일사량이 (㉡)때, 풍속이 (㉢)때, (㉣)한 날씨가 계속될 때, 습도가 (㉤)때 잘 발생함

70 오존경보는 ㉠ 주의보, ㉡ 경보, ㉢ 중대경보로 발령된다. ㉠~㉢의 기준이 되는 오존농도를 각각 쓰시오.

71 대기오염경보의 대상 오염물질 3가지를 쓰시오.

72 링켈만 스모크 차트에 대해 설명하시오.

73 다음은 미세먼지 경보제에 대한 설명이다. ㉠~㉣의 빈칸을 채우시오.

대상물질	경보단계	발령기준
미세먼지 (PM-10)	주의보	• 기상조건들을 고려하여 해당 지역의 대기자동측정소PM-10 시간당 평균농도가 (㉠)μg/㎥ 이상 2시간 이상 지속인 때
	경보	• 기상조건 등을 고려하여 해당 지역의 대기자동 측정소PM-10 시간당 평균농도가 (㉡)μg/㎥ 이상 2시간 이상 지속인 때
초미세먼지 (PM-2.5)	주의보	• 기상조건 등을 고려하여 해당 지역의 대기자동측정소 PM-2.5 시간당 평균농도가 (㉢)μg/㎥ 이상 2시간 이상 지속인 때
	경보	• 기상조건 등을 고려하여 해당 지역의 대기자동측정소 PM-2.5 시간당 평균농도가 (㉣)μg/㎥ 이상 2시간 이상 지속인 때

74 황사가 인체에 미치는 영향을 모두 쓰시오.

75 미세먼지·황사경보제 3단계에 대한 설명이다. ㉠, ㉡의 빈칸을 채우시오.

- 미세먼지주의보 → 미세먼지경보 → 황사경보 순으로 발령됨
- 황사경보는 황사로 인해 1시간 평균 미세먼지(PM-10) 농도가 (㉠)ug/㎥ 이상이 (㉡)시간 이상 지속될 것으로 예상될 때임

76 대기오염 원인인 '기온역전'에 대해 설명하시오.

77 기온역전의 종류인 ㉠ 복사성 역전, ㉡ 침강선 역전에 대해 각각 설명하시오.

78 열섬현상의 개념에 대해 쓰시오.

79 열섬현상으로 발생하는 ㉠ 먼지지붕(dust dome)와 ㉡ 열대야 현상의 개념에 대해 각각 서술하시오.

80 열돔현상이 개념에 대해 서술하시오.

81 열돔현상의 발생원인을 쓰시오.

82 온실효과의 개념을 서술하시오.

83 지구온난화의 영향을 모두 쓰시오.

84 ㉠ 엘리뇨 현상과 ㉡ 라니냐 현상의 개념을 정의하시오.

85 다음에서 설명하는 오존층 파괴물질을 쓰시오.

- 냉장고, 에어컨 및 냉각기의 냉매, 화장품 등 스프레이 제품, 분사제, 세정제, 폴리우레탄 단열재, 반도체 등 폭넓게 사용됨
- 몬트리올 의정서에서 생산을 중지시킴

86 다음에서 설명하는 오존층 파괴물질을 쓰시오.

- 염화불화탄소(CFCs), 수소염화불화탄소(HCFC)를 대체하고자 개발된 물질임
- 키갈리 의정서(2016년)에서 수소불화탄소(HFC)를 감축하고자 함

87 오존층 파괴의 영향을 모두 쓰시오.

88 산성비의 정의를 쓰시오.

89 산성비의 영향을 모두 쓰시오.

90 다음에서 설명하는 물질을 쓰시오.

- 쓰레기 소각시 주로 발생하며, 자동차 배기가스 및 산업 공정, 농약이 뿌려진 수풀이나 산림의 화재, 담배 연기에 발생하는 물질임
- 강한 독성을 가진 유독성 화학물질로 발암성이 가장 큼 (1군 발암물질)
- 환경호르몬인 내분비계 교란물질임

PART

11

식품위생

1 식품안전관리인증기준(HACCP)
2 식품의 보존
3 식중독의 이해
4 세균성 식중독
5 바이러스성 식중독
6 화학적 식중독
7 자연독에 의한 식중독
8 기생충 감염

1 세균성 식중독을 소화기계 전염병과 비교하여 ㉠ 발병력, ㉡ 잠복기, ㉢ 2차 감염, ㉣ 격리효과 특징을 쓰시오.

2 다음은 감염성 식중독과 독소형 식중독의 차이를 비교한 표이다. ㉠~㉥의 빈칸을 채우시오.

	감염성 식중독	독소형 식중독
정의	• 세균이 식품과 체내에서 대량으로 증식함 • 이균들이 소화기계에 작용하여 발생	• 세균이 증가할 때 발생하는 체외독소가 소화기에 작용하여 발생
독소	(㉠)	(㉡)
잠복기	(㉢)	(㉣)
증상	(㉤)	(㉥)
치사율	• 치사율 낮음	• 치사율 높음
균의 생사와 발병과의 관계	• 균이 사멸하면 식중독이 발생하지 않음	• 생균이 없어도 독소로 인해 발생가능성이 있음
가열에 의한 예방효과	• 효과 있음	• 효과가 없는 경우가 많음

3 다음에서 설명하는 감염형 식중독의 명칭을 쓰시오.

- 애완동물이 병원소이며, 날달걀, 덜 익힌 달걀 및 달걀 가공품, 생우유와 생우유 가공품, 오염된 물, 오염된 육류/육류 가공품, 가금류/가금류 가공품이 감염 원인식품임
- 전파경로는 분변-구강감염, 음식 상온보관, 교차감염이며, 증상은 급성 설사, 오심·구토 등의 위장증상, 38~40℃ 발열이 있음

4 식중독 발생시 전파경로의 하나인 '교차감염'의 개념을 정의하시오.

5 다음에서 설명하는 감염형 식중독의 명칭을 쓰시오.

- 전파경로는 날것 또는 부적절하게 조리된 해산물(굴, 어패류) 섭취 시 감염, 해산물 취급 또는 균에 오염된 물에 노출된 음식 섭취 시 감염임
- 장독소를 분비하여 대부분 수양성 설사를 일으키며, 복통, 오심, 구토 등의 위장증상을 일으키며, 고열을 드물며 대부분 미열이 발생함

6 감염형 식중독인 캠필로박터균 식중독의 주요 증상 2가지와 원인균의 특징 3가지를 쓰시오.

7 감염형 식중독인 캠필로박터균 식중독의 잠복기와 합병증을 쓰시오.

8 다음에서 설명하는 감염형 식중독의 명칭을 쓰시오.

- 냉동식품에 대한 분변오염의 지표가 되며, 위장증상이 극히 가볍고 2~3일내에 회복됨으로 보건상 큰 문제는 되지 않음
- 치즈, 소시지, 햄 등이 원인식품임

9 독소형 식중독인 황색포도상구균의 원인균 특징 2가지 쓰시오.

10 독소형 식중독인 황색포도상구균의 전파경로 3가지를 쓰시오.

11 독소형 식중독인 황색포도상구균의 주요 증상 2가지와 발열의 특징을 쓰시오.

12 다음은 독소형 식중독인 보툴리누스 식중독에 대한 설명이다. ㉠~㉣의 빈칸을 채우시오.

- 원인균의 특징은 강한 (㉠)생산하는 혐기성의 독소형 식중독이며, 외독소인 (㉡)을 생성함
- 원인식품은 통조림, 병조림, 밀봉식품, 레토르트 식품, 햄, 소시지 등임
- 증상은 구토, 설사 같은 장염증상이 종종 나타나며, 전형적인 (㉢)증상을 나타내며, 체온은 (㉣)임

13 다음에서 설명하는 식중독의 명칭을 쓰시오.

- 많은 사람들의 식사를 조리할 경우에 발생하며, 열에 강하며, 공기가 없는 환경에서 번식함
- 복통, 설사 증상이 나타나나, 대부분 2~3일 내로 회복함
- 원인식품은 육류(돼지고기, 닭고기 등)이며, 다수인의 식사를 조리한 경우에 발생함

14 바이러스 식중독인 '노로바이러스'의 전파경로를 쓰시오.

15 '노로바이러스'의 예방방법을 모두 쓰시오.

16 다음은 자연독에 의한 식중독이다. 각각의 독성분을 쓰시오.

㉠ 복어, ㉡ 홍합, ㉢ 섭조개, 대합조개, ㉣ 굴, 바지락, ㉤ 독버섯, ㉥ 감자버섯, ㉦ 청매, 살구씨, ㉧ 독미나리

17 다음에서 설명하는 기생충의 명칭을 쓰시오.

- 제1중간숙주(다슬기) → 제2중간숙주(담수어-은어, 황어, 숭어)를 통해 감염됨
- 소장에서 서식하며, 장염, 출혈성 설사, 복통 등의 증상을 보임

18 간흡충증, 폐흡충증의 치료약 명칭을 쓰시오.

19 요충의 전파경로와 요충 병원체의 특징을 쓰시오.

20 요충의 진단검사법과 진단검사방법을 쓰시오.

21 요충에 감염시 항문주위 소양감이 발생하는 이유를 쓰시오.

22 요충감염시 치료의 원칙을 쓰고, 치료약 1가지만 쓰시오.

23 요충감염의 예방원칙을 모두 쓰시오.

24 다음에서 설명하는 기생충의 명칭을 쓰고, ㉠이 발생하는 이유를 쓰시오.

- 따뜻하고 습한 지역에 서식 (열대지방, 온도↑, 습도↑)하며, 흙을 통해 맨발로 다니거나 흙을 만질 때 발등, 발가락 사이, 손가락 사이 피부를 통해 감염됨
- ㉠ 빈혈시 철분제 투여

25 다음에서 설명하는 기생충의 명칭을 쓰시오.

- 해양포유류(돌고래, 물개, 고래, 바다표범 등) 위장에 유충 기생 → 새우류(제1중간 숙주) → 해산어류(제2 중간숙주, 광어, 연어, 방어, 대구, 청어, 참조기, 고등어, 오징어, 낙지 등) → 사람 체내를 통해 감염됨
- 위장에서 서식하여,, 복통, 오심, 구토, 상복부 불편감 등 위염, 위궤양 증상을 보임

26 다음에서 설명하는 기생충의 명칭을 쓰시오.

- 날것이나 덜 익힌 돼지고기 섭취 → 사람 소장에서 성충 기생 → 사람 분변 → 돼지나 사람 경구섭취의 감염경로를 보임

27 다음에서 설명하는 기생충의 명칭을 쓰시오.

- 날것이나 덜익힌 소고기 섭취 → 사람 소장에서 성충 기생 → 사람 분변 → 소나 사람 경구섭취의 감염경로를 보임

2026학년도
김이지
보건임용 인출노트
지역사회간호학 ①

초판 1쇄 발행 2025년 04월 25일

편저 김이지
발행인 공태현 **발행처** (주)법률저널
등록일자 2008년 9월 26일   **등록번호** 제15-605호
주소 151-862 서울 관악구 복은4길 50 (서림동 120-32)
대표전화 02)874-1144   **팩스** 02)876-4312
홈페이지 www.lec.co.kr
ISBN 979-11-7384-022-7 (13510)
정가 17,000원